William Carleton

So urteilt die Welt

Satire - Auf abschüssiger Bahn

William Carleton

So urteilt die Welt

Satire - Auf abschüssiger Bahn

ISBN/EAN: 9783743476172

Hergestellt in Europa, USA, Kanada, Australien, Japan

Cover: Foto ©ninafisch / pixelio.de

Weitere Bücher finden Sie auf **www.hansebooks.com**

Familien-Bibliothek.

Ausgewählte Erzählungen und Geschichtsbilder.

№ 24.

So urtheilt die Welt.
Satire nach William Carleton.

Auf abschüssiger Bahn.
Erzählung von J. J. Ohorn.

Leben und Abenteuer eines Missionärs.
Aus dem Französischen von P. Joseph Maria Reiffe.

Einsiedeln, New-York und Cincinnati, 1871.
Druck und Verlag von
Gebr. Karl und Nikolaus Benziger.

So urtheilt die Welt.
Satire nach William Carleton.

1.

Irland, die „grüne Insel" im weiten atlantischen Ocean, ist meine Heimath. Meine Familie war von guter Herkunft und ziemlich wohlhabend; leider wollte es aber ein unglückliches Mißgeschick, daß die meisten männlichen Glieder derselben mit einer starken Neigung zu einem unregelmäßigen Leben behaftet waren. Mein Vater — um nicht weiter zurückzugreifen — besaß ein gesichertes Einkommen von acht- bis neunhundert Pfund Sterling per Jahr, als er sich seinen eigenen Herd gründete. Herr MacScampy war ein wohlhabender Mann und hätte ein geachteter Mann sein können. Allein er fiel bald nach seiner Verheirathung in schlimme Gewohnheiten. Statt gerade seinen Weg durch die Straßen zu verfolgen, schwankte er häufig und verlor bisweilen das Gleichgewicht, nebst Stock und Hut. Trafen ihn bei solchen unliebsamen Gelegenheiten zufällig Bekannte, die ihm nicht ausweichen wollten oder konnten, so war seine Stimme gar öfters schwer und lallte. — Meine Mutter, eine große Rednerin und Sprachkundige, obschon sie nur englisch sprach, war in ihrer Jugend eine Schönheit und blieb deßhalb selbstverständlich immer etwas stolz auf ihr Aeußeres. Manche logischen Untersuchungen und Diskussionen über die Pflichten des Ehestandes und häuslichen Lebens wurden zwischen ihr und meinem Vater gepflogen. Ihr Vorrath an unschmeichelhaften Ausdrücken und scheltenden Beiworten war ungemein groß und die Zungenfertigkeit, mit der sie dieselben besonders gegen meinen Vater im Wortgefecht anzuwenden wußte, erregte öfters dessen Entrüstung in hohem Grade. Möglicherweise trug ein anderer Umstand viel dazu bei, die Aufregung bei ihm so hoch zu steigern; er mochte fühlen, daß diese schonungslosen Angriffe lauter wunde Stellen trafen, daß sie gar zu viel Wahrheit enthielten. Der Charakter und die unordentliche Lebensweise meines Vaters wurden durch die beredten Ausdrücke der Mutter so getreu geschildert, daß kein Sittenprediger ein besseres moralisches oder vielmehr unmoralisches Konterfei hätte entwerfen können. Ihre Bezeichnungen paßten auf ihn, nach dem vielgebrauchten Gleichnisse, wie eine Faust auf das Auge.

Von Worten kam es aber auch zu Thätlichkeiten. Mein Vater versuchte hie und da meiner Mutter Unterricht im Boxen und der „edeln" Kunst des Faustkampfs zu geben, wobei er sich aber gewöhnlich nicht Zeit nahm, die gebräuchlichen Handschuhe anzuziehen. Allein seiner Niederlage in der Schlagfertigkeit und dem Kampfe der Zunge folgte nicht immer der Sieg durch die Schlagfertigkeit der Faust. Nicht selten fand er bei solchen Gelegenheiten, daß er die Gewandtheit und Kraft der Gegnerin bedeutend unterschätzt hatte und daß ein eiliger Rückzug „aus strategischen Gründen" ihn allein vor einer völligen Niederlage retten mochte. Auch entdeckte er gewöhnlich erst am nächsten Morgen, mit welchen scharfen Waffen er überwunden worden. Sein geröthetes Gesicht trug dann die blutigen Spuren von einem halben Dutzend garstiger Nägel oder Krallen und diese Parallel-Linien auf den Wangen machten das tägliche Rasiren oft zu einem sehr schwierigen Geschäfte.

Eines Abends jedoch kam Herr Macscampy nach Hause zurück, etwas weniger begeistert als sonst, so daß er bei einem etwaigen Kampfe hoffen konnte, den Triumph der Stärke und Geschicklichkeit auf seiner Seite zu sehen. Meine Mutter, klug und weise bei solchen Wahrnehmungen und durch mancherlei Erfahrungen auch über die Unannehmlichkeiten belehrt, welche bisweilen ihre Siege begleiteten, hatte sich vorgenommen, für die Zukunft auf allen Kampf, ausgenommen das Wortgefecht, zu verzichten, und, in Berücksichtigung besonderer Umstände, nicht mehr vom Felde der Diplomatie auf dasjenige des Krieges überzugehen. Der fragliche Abend wäre deßhalb wahrscheinlich ohne Thätlichkeiten vorbeigegangen, wenn der boshafte Unhold der Zwietracht nicht einen außergewöhnlichen Zankapfel zwischen das Ehepaar geworfen hätte.

Die Mutter war an jenem Abende zu einer Thee-Gesellschaft eingeladen worden; sie hatte zugesagt und war fest entschlossen, hinzugehen um jeden Preis. Mein Vater hatte bisweilen Proben seiner „Schlagfertigkeit" auch außerhalb des häuslichen Cirkels abgelegt und wahrscheinlich in Folge dessen geschah es, daß er nicht in die Einladung eingeschlossen wurde — eine Beleidigung, die sein reizbares Gemüth auf's Höchste erbitterte.

„Gut," sagte er zu sich — „wenn ich nicht dabei sein soll, so soll sie auch nicht hingehen. Diesem Schlosse will ich schon den Riegel finden! Sie soll ruhig zu Hause bleiben. Nichts Schöneres auf der Welt als häusliche Ruhe, Eintracht und Frieden."

Mit diesem Entschlusse suchte er meine Mutter in

ihrem Toiletten-Kabinete auf. Er nahm zu seiner Herzstärkung ein Glas Punsch mit sich auf den Weg, verneigte sich tief vor ihr und leerte das Glas in einem Zuge, auf ihr Wohl und ihre Gesundheit.

„Meine Theure," begann er dann, „willst Du diesen Abend in die Thee-Gesellschaft gehen?"

„Ja," erwiederte sie; — „Du wirst ja nichts dagegen einzuwenden haben, hoffe ich?"

„Nein, gar nichts, als daß Du nicht hingehen sollst — und damit basta!"

„Oh, Gott sei Dank," versetzte sie schnippisch, „es hat mir Niemand zu befehlen!"

„Das magst Du vielleicht glauben," sagte er kühl, „aber einstweilen bin ich noch Herr im Hause und befehle darin. Ich habe eine fixe Idee im Kopfe, daß Du in keine Gesellschaft gehörest, von der man mich ausschließt, und werde hieran festhalten."

„Für dieses Mal werde ich nach meinem Kopfe handeln" — entgegnete sie erzürnt — „und überhaupt, so lange man mich nicht von einer anständigen Gesellschaft ausschließt — werde ich stets die Einladungen annehmen, die man mir zusendet."

Senken wir den Schleier der Nacht über den Verfolg des Streites und die weiteren Scenen. Die kurze Mittheilung wird dem Leser genügen, daß meine Mutter an jenem Abende nicht in die Gesellschaft, sondern unter bitteren Thränen mit einem blauen Auge zu Bette ging. Sie machte die gefürchtete, verhängnißvolle Entdeckung eigentlich erst am nächsten Morgen, als sie einen Blick in den Spiegel warf. Beim Frühstück begrüßte sie meinen Vater mit folgender Standrede:

„Nun, Herr Gemahl! Betrachte hier die Folgen deiner rohen Behandlung" — dabei zeigte sie auf das von den verschiedensten Farben umgebene Auge — „denk' an mich, ich fühle eine positive Ahnung, daß das Kind, welches wir in Bälde erwarten, sei es ein Knabe oder ein Mädchen, auf seiner Stirne das Brandmal deiner Rohheit und Grausamkeit tragen wird."

Mein Vater suchte über ihre Vorhersagung zu spotten. Allein sechs Wochen später, als meine Wenigkeit wirklich das Licht der Welt erblickte, stellte sich leider heraus, daß ihre unbedachte, einer heftigen Erbitterung entflossene Prophezeiung sich allzu getreu erfüllt habe. Mein Gesicht fand sich mit einem so hübschen „blauen Auge" geschmückt, als je ein Klopffechter in einem Wettkampfe davon getragen hat.

Mein Vater war eine Zeit lang nicht wenig bestürzt über dieses Naturwunder; er ließ den Kopf hängen und seine Versuche, meine trostlose Mutter zu beruhigen, mißlangen völlig. Das ebenso unerklärliche, als unwillkommene Ereigniß preßte ihr manchen Thränenstrom aus, als sie an meiner Wiege saß.

„Sei doch ruhig," suchte sie mein Vater zu beschwichtigen; — „Du machst Dir gewiß unnöthigen Kummer. Die Sache hat nichts zu bedeuten. Du wirst sehen, in einer kurzen Zeit, wenn das Kind aufwächst und seine natürliche Farbe bekommt, dann wird das Mal verschwinden. Uebrigens wird es, so lange die Welt steht, immer auch solche interessante, unerklärliche Fälle und mancherlei Augenverzierungen geben. Darum hoffe ich nur, mein junger Prinz werde, wenn er einmal groß ist, Andere ebenso zu schmücken suchen, wie ihn die Natur geschmückt hat, wenn es für nichts weiters wäre, als um sich in Respekt zu halten und Gesellschaft zu haben."

Hatte er diese oder ähnliche Trostgründe vorgebracht, so konnte er kichern und lachen und meine betrübte Mutter mit schlechten Witzen verfolgen, als wäre die Sache wirklich nur ein Spaß. Unglücklicherweise war er schon so tief gesunken und sein Verstand durch fortwährende Sinnenbetäubung so sehr abgestumpft, daß keine Trübsal, keine warnende Schickung Gottes, welcher Art sie auch sein mochte, einen ernsthaften, dauernden Eindruck auf ihn machen oder ihn zur Ueberlegung und Besserung führen konnte.

Ehe ich eine Woche alt war, hatte er mich „Kleiner Blau=Aug" getauft und pflegte meiner Mutter mit dem ihm eigenen gefühllosen Spotte zu versichern, es sei pure Thorheit von ihr, einen so geringfügigen Umstand als ein schweres Unglück zu betrachten.

Meine Mutter wandte sich mit Ekel von solchen Reden ab. Allein sie schwieg; sie war jetzt eine „bezähmte Widerspenstige." Freilich, wenn mein Vater mit halb so viel Eifer und Fleiß irgend eine ehrenhafte Geschäfts= unternehmung oder sonstigen achtungswerthen Beruf be= trieben hätte, als er auf diese Unterwerfung der Mutter verwendete, so würde er sicherlich eine andere Stellung in der menschlichen Gesellschaft eingenommen haben. Es ist jedoch im hohen Grade zweifelhaft, ob er diesen wich= tigen Sieg nach einem kürzern Kampfe als der sieben= jährige Krieg errungen hätte, wenn meine Mutter nicht durch fortwährendes Unwohlsein genöthigt worden wäre, ihre Unterwerfung anzubieten und auf die Fortsetzung der Feindseligkeiten zu verzichten.

Endlich kam die Zeit, wo ich getauft werden sollte. Ich war schon drei Monate alt. Meine Mutter hatte die Taufe möglichst hinausgeschoben in der Hoffnung, daß in der Zwischenzeit, wie dies bisweilen bei kleinen Kindern der Fall ist, das Muttermal bei mir verschwin= den oder wenigstens bedeutend schwächer werden würde. Sie fand sich leider in dieser Erwartung völlig getäuscht, denn, eine Woche nach der andern, wurden die dunkeln Farben meines Males immer dunkler und es blieb nun nichts übrig, als den Taufakt vorzunehmen. Meine Mutter hat mir oft den eigenthümlichen Hergang erzählt. Als der anglikanische Geistliche am Taufsteine stand und im Begriffe war, mich mit Weihwasser zu besprengen, fuhr er plötzlich zurück und wandte sich mit den Worten an meine Eltern;

„Aber um Gotteswillen, was ist mit dem Kinde geschehen, daß sein Auge so beschädigt ist?"

Meine Mutter stand bleichen Angesichts neben den Pathen und wußte nichts zu antworten.

„Hochwürdiger Herr," erwiederte rasch mein Vater für sie, „ich glaube, daß die Mutter das Kind vor ein paar Nächten mit dem Ellenbogen aus Versehen gestossen haben muß, als sie es aus seinem Bettchen aufnahm. Sonst ist dem Kinde kein Unfall begegnet."

Der Geistliche führte hierauf die heilige Handlung zu Ende. Zu Hause fand dann ein Festmahl statt. Es war fröhlich für Alle, mit Ausnahme meiner armen Mutter, welche die tiefste Reue über die Vorhersagung fühlte, die sie vor meiner Geburt so unbedacht ausgesprochen hatte. Sie mußte sich einen Theil der Schuld beimessen und fürchtete nicht mit Unrecht, daß ich die Folgen derselben, das Mal an meinem Auge, durch das ganze Leben tragen werde; sie hatte auch eine richtige Vorahnung der Widerwärtigkeiten, welche dasselbe mir, ihrem unschuldigen Kinde, auf dem Lebenswege bereiten mußte. Diese Betrachtungen brachten einen mächtigen Eindruck auf sie hervor und trugen viel zur Veränderung ihres Charakters bei. Jeder Blick auf das schlafende Kind an ihrer Seite zeigte ihr das schuldlose Opfer sowohl ihrer Eitelkeit und Vergnügungssucht, als der Rohheit ihres Mannes, welchem allerdings der größere Theil dieses Mißgeschicks zuzuschreiben war. Jedoch hoffte sie immer noch, wie auch mein Vater, daß es vorbeigehen werde; ja so sonderbar sind die Wege menschlicher Natur und menschlicher Neigungen, daß meine beiden Eltern mit einer gewissen frohen Erwartung den Kinder-Krankheiten entgegensahen, welche zwar den kleinen Patienten oft äußerst gefährlich werden, dagegen bisweilen die Hautfarbe ändern und vielleicht das schwarze Mal von meiner Stirne verwischen mochten. In Fällen dieser Art, wenn Elternliebe nicht durch Vernunft geleitet wird und man das größere Unheil dem kleinern nachsetzt, ist es häufig keine leichte Aufgabe, sich das Benehmen der Eltern zu erklären. Es hält schwer zu glauben, allein es ist reine Wahrheit: — meine Mutter wünschte nichts sehnlicher, als daß ich recht bald die Masern, den Keuchhusten, das Scharlachfieber oder auch die Blattern bekommen möchte, in der einzigen Hoffnung, dadurch könnte ich vielleicht von meinem häßlichen Male befreit werden. In dieser Beziehung wurde ihr Wunsch bis zu einem gewissen Grade erfüllt.

Sie hatten durchaus nicht zugegeben, daß ich geimpft würde. In Folge dessen bekam ich die Blattern. Die Krankheit, von der ich glücklicher Weise bald genas, veränderte zwar meine Hautfarbe nicht und hatte deßhalb keineswegs den gewünschten Erfolg; dagegen wurde es bald zur traurigen Gewißheit, daß sie mir die Sehkraft des rechten Auges geraubt hatte. Dieser Umstand machte es mir für immer unmöglich, das andere Auge durch einen kleinen, grünen Schirm zu verbergen, wie man beabsichtigt hatte, denn dadurch wäre ich vollständig blind geworden. Ich sah von nun an nur mit dem linken Auge und auf diesem linken Auge haftete das Brandmal.

In diesem keineswegs beneidenswerthen Zustande wurde ich acht Jahre alt. Obschon ich der größte Feigling war, der auf Gottes Erdboden herumlief, hatte ich doch schon als kleiner Knabe, ja als Kind, den Ruf gewonnen, einer der unverbesserlichsten jungen Wildfänge der ganzen Gegend zu sein. Meine Feigheit war meinen Spielgenossen wohlbekannt; die Buben meines Alters plagten mich beßwegen, wie natürlich, nicht wenig. Sie stießen und schlugen mich mit Händen und Füßen, sogar solche, welche kleiner und jünger waren als ich und die ich leicht hätte bewältigen sollen. Die Ursache dieser übeln Nachreden indessen war, daß ich immer das blaue Auge herumtrug, ich mochte thun, was ich wollte, ich mochte fliehen, siegen oder unterliegen. Das Publikum, welches sich sonst wenig um uns Knaben bekümmerte, machte über mich häufig die folgenden, unfreundlichen Bemerkungen:

„Welch' ein hoffnungsvoller, kleiner, wilder Bursche ist dieser junge Macscampy, der Sohn des alten Mascampy, des Eigenthümers der Drainwell'schen Güter, hat immer Streit und Händel, wie sein Vater, und deßwegen auch stets ein blaues Auge. Es vergeht, wie es scheint, kein Tag, an welchem er sich nicht mit andern Buben herumprügelt. Die natürliche Folge hievon ist, daß der Wildfang immer seine Zeichen davon trägt und deßhalb das blaue Auge stets behält!"

2.

So ist die Meinung und Moral der Welt im Allgemeinen. Sie gründet ihr Urtheil auf Umstände, die sie näher kennen zu lernen sich nicht kümmert oder keine Gelegenheit dazu hat. Sie muß doch etwas sagen, und wenn sie auch dasjenige gar nicht kennt, was ihre Aufmerksamkeit erregt hat, und in den meisten Fällen in's Blaue hinein urtheilt, so findet sie es viel leichter und bequemer, den strengsten Tadel über einen vermeintlichen Schuldigen auszusprechen, als den wirklichen Thatbestand näher zu untersuchen.

Wie bereits gesagt, ich war ein Feigling durch und durch; ich hütete mich wohl, irgend Jemand zu beleidigen; ich vermied sorgfältig jede Gelegenheit, die mich in Händel verwickeln konnte, und entzog mich den Beleidigungen meiner Gegner gerne durch die Flucht. Leider war Alles umsonst. Wenn ich auch an einem Tage einer Schlägerei glücklich auswich, so erschien ich am andern Tage doch wieder mit dem blauen Auge; dies hielten die Leute für den unfehlbaren Beweis, daß ich der Anstifter und Hauptschuldige gewesen sein müsse, und aller Tadel, aller Schimpf und Hohn fiel schwer und schonungslos auf mich.

Die Zeit war nun gekommen, wo ich zur Schule gehen sollte. Ich selbst fühlte große Lust dazu und war ungemein lernbegierig. Meine Mutter hatte mir den ersten Unterricht ertheilt, so daß ich zur Noth lesen und schreiben konnte, ehe ich in die Schule kam. Sie sagte meinem Vater, daß ich nicht nur rasch und leicht lerne, sondern auch ein außerordentliches Gedächtniß besitze.

„So, so," erwiederte er in seiner gewöhnlichen, spöttischen Weise; „er hat also Verstand, der Bursche, und wird sich auszeichnen. Nun gut, wir wollen ihn zu unserem Nachbar, dem Doktor Tickler, senden, der wahrscheinlich das Blut in seinem Gesichte von der linken zur rechten Seite ziehen und ihn dadurch vielleicht von dem blauen Auge kuriren wird."

Mit einer Sache war es jedoch meinem Vater bitterer Ernst. Er fürchtete, die Geschichte von der Entstehung des blauen Auges und damit seiner eigenen, rohen Gewaltthätigkeit möchte bekannt werden. Er zwang deßhalb meine Mutter, ihm das feierliche Versprechen zu geben, daß sie dieses Geheimniß keiner menschlichen Seele je anvertrauen werde, und drohte ihr mit der fürchterlichsten Rache für den Fall, daß sie ihr Wort bräche. Auch ich mußte ihm ein ähnliches Gelöbniß ablegen und er erklärte mir, daß wenn ich es nicht gewissenhaft beobachte, so werde er mich verstoßen und ohne einen Heller meinem Schicksale überlassen.

An einem der folgenden Tage führte er mich zum Doktor Tickler. Als wir die Schule betraten, ließ ich meinen Kopf hängen, um so viel als möglich das Mal zu verbergen, wegen dessen ich schon so häufig ungerechten Spott und Tadel erduldet hatte.

„Ist dies Ihr Sohn, Herr Macscampy," sagte der Lehrer.

„Ich muß leider sagen: ja, Herr Doktor, der Taugenichts gehört mir," erwiederte mein Vater. „Nun, wir müssen sehen, wie wir ihn erziehen. Bildung und Unterricht mögen ihn auf bessere Wege führen, obschon ich fürchte, daß nahezu alle Mühe an ihm verloren sein werde."

„Warum glauben Sie das?" — fragte der Lehrer. „Sie, als sein Vater, sollten doch eine bessere Meinung von ihm haben."

„Oh, Sie kennen ihn noch nicht," versetzte mein Vater. „Wenn es je einen eingefleischten, jungen Thunichtgut und Raufbold gegeben hat, so ist er einer; immer in Streit und Händel mit seinen kleinen Kameraden, nichts als Schlagen und Prügeln den ganzen Tag."

„Es scheint," bemerkte der Doktor, „seine letzten Händel müssen noch nicht lange her sein; er hat ja noch ein blaues Auge davon."

„Wahrhaftig," sagte mein Vater, „der kleine Bösewicht trägt immer solche Zeichen mit sich herum. Ich würde ihn zu Doktor Feder geschickt haben, allein der Doktor ist nicht streng genug. Statt daß er die Buben gehörig mit der Ruthe züchtigt a posteriori, wie er es thun sollte, so will er durch Milde und freundliches Zureden die Wildfänge bekehren; wenn es ihm auch nicht gelingt, so laufen ihm doch viele Schüler zu und er hat Ihnen während des letzten Jahres wohl die Hälfte weggenommen."

„Nun, mein Herr," erwiederte Doktor Tickler, „lassen Sie den Burschen in meiner Schule. Ich weiß, wo und wie ich meine logischen Gründe anwenden muß, und wenn Sie ihn im Laufe einer Woche noch mit einem blauen Auge finden, so glauben Sie nur nicht, daß es meine Schuld ist oder daß ich vergaß, die Ruthe in demjenigen Maße anzuwenden, in welchem sie solchen jungen Thunichtguten gebührt."

Ich bin überzeugt, daß die feigsten Menschen in ihrem Kreise stets die größten Tyrannen sind. In der Schule ließen mir die feigen, jungen Vagabunden, welche wußten, daß ich gerne davon lief, keine Stunde Ruhe. Die muthigen Knaben dagegen schauten mit Bewunderung auf

mein blaues Auge, da sie es als einen Beweis meiner
Tapferkeit betrachteten, und sie halfen mir oft, mich meiner
Dränger zu erwehren. Jedoch, wenn bei diesen Käm=
pfen auch Andere blaue Augen bekamen, so verschwanden
sie gewöhnlich wieder rasch, wie dies immer bei Knaben
der Fall ist; — das meinige aber blieb sich beständig
gleich und meine jungen Freunde mußten sich bald über=
zeugt fühlen, daß nur ein gemeiner Hang zum Raufen
und Schlagen fortwährend diesen Zustand meines Ge=
sichts hervorbringen konnte.

„Ah," sagte Doktor Tickler, „der Bursche ist nun
schon einige Wochen länger hier als die Probezeit, die
ich ihm gab; doch kommt er nie zur Schule ohne das
Kains=Zeichen an seiner Stirne. Sein Vater hatte frei=
lich Recht, als er mir ihn als einen streit= und händel=
süchtigen Vagabunden, als einen eingefleischten Tauge=
nichts schilderte. Ich kann ihn nicht in meiner Schule
behalten — der Thunichtgut macht mir nur Schande —
und doch fehlt es ihm durchaus nicht an Fähigkeiten,
wenn er nur nicht so bösartig wäre. Ich weiß nicht,
was aus ihm werden soll; er wird wohl sein ganzes
Leben hindurch ein Klopffechter und Bummler bleiben.
In dieser Bruderschaft mag ihm ein blaues Auge nicht
schaden, ja es wird ihm wahrscheinlich Achtung und Ehre
bringen."

Der Lehrer verabschiedete mich ohne viele Umstände.
Als ich nach Hause kam und in das Zimmer der Eltern
trat, schaute mich mein Vater mit seiner gewöhnlichen,
spöttischen Miene an. „Holla," sagte er, als ich den
Schulsack niederlegte, „hat man Dich fortgejagt, Bur=
sche?" — „Ja, Vater," antwortete ich niedergeschlagen.

„Nun," rief er, indem er sich an meine Mutter
wandte, „das ist mir eine schöne Geschichte, nicht wahr?"
— Meine Mutter fing heftig zu weinen an.

„Mit dem Schreien ist nichts gethan, Frau," fuhr
er fort; „der Junge trägt nicht die Schuld. Der alte

Lump, der Lehrer, ist jeden Tag betrunken und doch schickt er diesen Knaben fort, nur weil er zufällig ein unverwischbar blaues Auge hat. Es hat übrigens nichts zu bedeuten, Joseph. Mag die Welt auch noch so ungerecht und verrückt sein, Du sollst doch deinen Weg in ihr finden und Dir deinen Platz erkämpfen. Es thut mir nur leid, daß Du nicht zwei blaue Augen hast, statt eines."

Meine Mutter trocknete ihre Thränen, zog mich zu sich und sagte sanft: „Joseph, Du mußt keinen Kampf mit der Welt suchen. Die Welt behält gewöhnlich Recht und kein Einzelner kann ihr mit Erfolg widerstehen."

„Aber hat die Welt in diesem Falle nicht Unrecht?" — fragte mein Vater zornig.

„Nein," erwiederte meine Mutter, „wenigstens nicht ganz. Sie urtheilt allerdings nur nach dem Scheine; allein so lange Joseph das blaue Auge trägt, kann ich nicht einsehen, wie sie ihn anders beurtheilen sollte! Verwische das Mal, wenn Du kannst, und er wird seinen Weg durch die Welt finden, so gut wie ein Anderer — vielleicht besser als viele Andere."

„Warum schwatzest Du von Unmöglichkeiten?" — versetzte der Vater. „Wie viele reiche Bösewichte gehen durch das Leben und tragen ihre Laster und ihre Verworfenheit der Welt offen zur Schau; allein weil sie ein großes Vermögen besitzen, ist die Welt blind und sieht ihre Ruchlosigkeit nicht. Der T — soll sie holen; sie ist aus lauter Schlechtigkeit zusammengesetzt. Wohlan, Joseph, wir wollen heute noch zu Doktor Feder gehen. Er wohnt in der Nähe. Setze deine Mütze auf; wir wollen den Versuch machen, obschon ich nicht viel davon erwarte."

Doktor Feder war zu Hause und empfing uns sehr freundlich. Er war ein Mann von mittlerer Größe und seine Manieren ließen nichts zu wünschen übrig. Er hatte eine rosige Gesichtsfarbe und der Ausdruck seiner Züge war mild und gütig; nur blinzelte er bisweilen mit den Augen und verzog seine Mundwinkel in einer Weise, welche den Verdacht erregte, daß sein Wohlwollen stark mit Sinnlichkeit gepaart sei. Sein Kinn war rund und voll und ließ darauf schließen, er sei kein Feind von Lebensgenüssen. Seine Augen blickten ruhig; nur das häufige Blinzeln störte den Eindruck der Milde und Zufriedenheit, welchen seine gelassene Miene sonst in Andern hervorgebracht hätte. Doch schien er einer der Glücklichen zu sein, die, von Mißgeschicken wenig betroffen, von der Welt nur Gutes empfangen. Wie oben bemerkt, hatte er seine Schule nicht auf Grundsätze der Härte und Strenge gegründet, sondern herrschte allein durch Ermahnung und freundliche Zurechtweisung ohne alle körperlichen Strafen. Er war ein trefflicher Lehrer, der nach dem Mittagessen sein Glas Wein nicht verschmähte, jedoch durch seine wohlwollende Behandlung bei gutgearteten Schülern zehnmal mehr ausrichtete als Doktor Tickler mit allen Schlägen. Freilich für wilde Knaben von heftigem, bösartigem und unverbesserlichem Temperament war seine Schule nicht und er entließ solche Zöglinge gewöhnlich nach kurzer Zeit. Es stand ihm kein anderer Ausweg offen, wenn er von seinem Systeme nicht abgehen wollte. Gab er auch damit die Einseitigkeit desselben zu, so hielt er doch fest an seinen Grundsätzen und erfreute sich dabei einer wenig gestörten Ruhe und Behaglichkeit, ohne sich unnöthig den Kopf darüber zu zerbrechen, wie man die liebe Jugend im Allgemeinen ohne Anwendung von körperlichen Strafen erziehen könne. — Dieses Problem scheint uns überhaupt kein sehr leicht zu lösendes zu sein.

Doktor Feder führte uns in sein Wohnzimmer, wo er sich meinem Vater mit einer Pfauenfeder in der Hand gegenüber stellte.

„Was verschafft mir die Ehre Ihres Besuchs, Herr Macscampy?" fragte er, indem er meinem Vater die Hand schüttelte.

"Sie kennen mich, Herr Doktor?" versetzte mein Vater. "Nun ja, wir wohnen nicht weit von einander und sollten uns schon kennen. Dies ist mein Sohn, Herr Doktor, und ich möchte ihn zu Ihnen in die Schule schicken."

Der Lehrer betrachtete mich neugierig. Um mein unglückliches Merkzeichen zu verdecken, hatte ich mich gegen das Fenster gewendet und schaute hinaus, als ob ich die Gegend noch nie gesehen hätte.

"Ich muß Ihnen sagen," bemerkte der Doktor zu meinem Vater, "daß ich ein Physiognomist bin und daß ich mir schmeichle, den Charakter und die Neigungen der Jugend ziemlich genau aus den Gesichtszügen erkennen zu können. Komm' einmal her, lieber Junge, und laß mich dein Gesicht sehen."

Leider hatte ich nun keine andere Wahl; ich mußte mich umwenden und fühlte, daß ich erröthete, als ich mit niedergeschlagenen Augen dastand. Er betrachtete mein Gesicht sehr aufmerksam; als er aber das Brandmal entdeckte, fingen seine Augen in besonders merkwürdiger Weise zu zwinkern an.

"Das Gesicht gefällt mir," sprach er, "und die Züge verrathen gute Anlagen. Es scheint mir kein bösartiger oder wilder Junge zu sein. Das blaue Auge, das er hat, müssen wir übersehen. Buben in seinem Alter tragen oft solche Denkzeichen mit sich herum, und wenn ich bedenke, daß er unter den Schülern des Doktor Tickler war, so kann ich gar nicht darüber erstaunt sein. Raufst Du denn gerne, lieber Kleiner?"

"Er ist ein geborner Klopffechter," erwiederte mein Vater, der weniger zu fürchten schien, daß ich nicht angenommen würde, als daß die wahre Ursache an den Tag kommen könnte. "Er hat immerwährend Streit und Händel mit anderen Buben."

"Wohlan," sagte Doktor Feder mit einem freundlichen Lächeln und nicht ungütigen Blinzeln seiner Augen. "Er mißfällt mir deßwegen doch nicht. Meine besten

Schüler sind oft auch streit= und rauflustig; aber ich bezähme ihre Begierden durch meinen Rath und Zuspruch. Ich war selbst in diesem Alter ein echter Raufer und trug deßhalb nicht selten ein blaues Auge davon. Nein, Herr Macscampy — deßwegen mißfällt mir Ihr Sohn nicht. Ich liebe die lebhaften und muthigen Knaben. Meine Schule ist jedoch auf das System gegründet, daß die Jungen friedlich neben einander leben müssen und daß Ihr Sohn für die Zukunft kein blaues Auge mehr haben darf. Jeder Knabe, der sich zu meiner Schule anmeldet, hat eine Probezeit von einem Monate durch= zumachen. Finde ich während dieser Zeit, daß er lenksam und gelehrig ist, so wird er aufgenommen; will sich aber der Schüler den Vorschriften meiner Anstalt nicht unter= werfen, so wird er ohne Aufsehen entlassen. Ich züch= tige keinen Knaben, oder wenn ich es thue," — fügte er hinzu, indem er lächelnd die Pfauenfeder schwang, „so ist dieses meine Ruthe. Ich will also Ihren Sohn für einen Monat auf die Probe nehmen und hoffe, daß, wenn sein blaues Auge verschwindet, er der Schule beständig angehören werde. Ich weiß, die Jugend will getobt haben und bisweilen — so unangenehm der Anblick ist — muß ich auch unter meinen Zöglingen wahrneh= men, daß sie ähnliche Denkzeichen zur Schau tragen. Lassen Sie Ihren Sohn Morgen um 9 Uhr hieher kom= men, Herr Macscampy; das Uebrige wird sich schon geben."

Meine Lebensgeschichte ist eine traurige, wenigstens so weit sie meine Jugendjahre betrifft. Nach Verfluß eines Monats erhielt mein Vater die höfliche Anzeige des Herrn Doktor Feder, daß es ihm und seiner Anstalt nicht zur Ehre gereichen würde, mich länger in derselben zu behalten. Er sagte, ich sei ein Knabe von erstaunlichen Fähigkeiten, der hierin seines Gleichen suche; allein mein heftiges und streitsüchtiges Temperament außer der Schule führe mich Tag für Tag mit einem blauen Auge in die Anstalt und er müsse daraus schließen, daß ich wirklich ein unverbesserlicher Raufbold und Händelstifter sei. Er bat meinen Vater, mich unter schärfere Aufsicht zu nehmen und vor dem Umgang mit jungen Taugenichtsen zu bewahren, denn es wäre Schade, meinte er, wenn meine Talente nicht durch eine gute Erziehung auf diejenige Bahn geleitet würden, welche mir in späterer Zeit eine achtungswerthe Stellung in der Gesellschaft verschaffen müßte.

Also zum zweiten Male war ich entlassen! Was war nun zu thun? Die Art, wie mich Doktor Feder fortgeschickt, war allerdings unter den Umständen eine sehr höfliche zu nennen; allein in welch' anderer Schule oder Anstalt konnte man für mich einen bessern Erfolg hoffen? Wo sollte mich mein Vater hinschicken?

Zuletzt fiel ihm ein, daß ein ehrenwerther Lehrer in der Nachbarschaft wohne, der sehr kurzsichtig war. Ebenso gutherzig als über alle Maßen eigensinnig und hartnäckig, nahm mich dieser auf und gewann mich bald lieb. Zwar war ich noch nicht lange Zeit bei ihm, als verschiedene Klagen über mich einliefen von Knaben, denen ich den Rang in der Schule abgelaufen hatte. Sie versuchten mich als Händelstifter und Raufer zu schildern und wiesen zum Beweise auf mein blaues Auge hin. Doch der brave, alte Lehrer, der seine Freude an mir hatte, weil ich immer der Erste in meiner Klasse war, wollte von diesen Klagen nichts hören und drohte meinen Verleumdern mit Stock und Ruthe.

„Das kümmert mich nichts," pflegte er auszurufen — „und wenn er fünfzig blaue Augen hätte! Sein Betragen in der Schule ist tadellos — an Talent, Fleiß und Gedächtniß übertrifft er euch alle, ihr Faullenzer. Für sein Benehmen außerhalb der Klasse bin ich nicht verantwortlich und, so lange er sich hier ruhig und friedlich benimmt, will ich keine Klagen gegen ihn hören. Joseph, fange mit der lateinischen Aufgabe an und zeige ihnen, wie Du sie gelernt hast!"

Von diesem Lehrer erhielt ich trefflichen Unterricht und die Fortschritte, die ich bei ihm machte, erfreuten meine Eltern in hohem Maße. Als meine Nebenschüler die Fruchtlosigkeit ihrer Klagen und Verleumdungen bemerkten, wurden sie derselben bald müde und ließen mich in Ruhe. Die Kurzsichtigkeit des wackern, alten Lehrers verhinderte ihn, das Mal an meiner Stirne fortwährend zu sehen und so blieb ich nun, zum ersten Mal in meinem Leben, von allen Seiten unbedrängt und unangefochten.

Dessenungeachtet war meine Jugendzeit keine erfreuliche. In der ganzen Stadt gab es wohl nicht viele ruhigere oder gesittetere Knaben als mich und doch wurde ich überall als ein unverbesserlicher, junger Taugenichts und Bösewicht verschrieen. Trug ich nicht fortwährend in meinem Gesichte das unglückliche Zeichen und Brandmal jugendlicher Verworfenheit und böser Sitten? Immerhin gehörten die vier Jahre, welche ich bei meinem wohlwollenden, halbblinden, alten Lehrer zubrachte, noch zu den glücklichsten meines früheren Lebens. Der kurzsichtige Professor war ein Wunder von klassischer Gelehrsamkeit und ich glaube, er kannte Virgil, Homer und Horaz mit vielen andern klassischen Autoren auswendig. Auch war er mit allen Zweigen der englischen Literatur wohlbekannt. Ich brauche kaum zu wiederholen, daß ich sein Liebling nur aus dem Grunde wurde, weil ich alle anderen Schüler übertraf. Inzwischen war ich zum Jüngling herangewachsen, allein mein Ruf begleitete mich wie mein Schatten und bereitete mir immer größere Verlegenheiten. Der Fehler, den man in dem Schulknaben mit Nachsicht behandeln oder übersehen mochte, wurde dem Jüngling oder jungen Manne als ein häßliches, abschreckendes Laster angerechnet und vorgeworfen; ich mußte wahrnehmen, daß man mit Verachtung von mir sprach und daß ich als ein verwilderter, hoffnungsloser Bösewicht geschildert wurde. Jedermann vermied mich und schloß sich von mir ab; sogar wenn meine Eltern zu einer Gesellschaft eingeladen wurden, gab man ihnen auf eine höfliche Weise zu verstehen, daß sie mich nicht mitbringen sollten. Dies war die Folge der Hartnäckigkeit meines Vaters, der mich, allem Widerstande zum Trotz, in das Leben und die besseren Kreise einführen wollte. Es mißlang ihm, wie meine Mutter vorausgesagt hatte. Doch ließ er sich angelegen sein, daß ich meine Studien vollendete, indem er zuversichtlich hoffte, daß mein Fleiß und meine Fähigkeiten mich in den Stand setzen würden, mir, trotz des Brandmals, mit dem ich in die Welt trat, in derselben eine ehrenvolle Stellung zu erringen.

Der Charakter meines Vaters hatte seine Licht= und seine Schattenseiten; allein ich darf nicht verschweigen, daß ich von meinen Knabenjahren an bemerken konnte, wie er im Grunde seines Herzens eine starke, aber verborgene Neigung zu mir fühlte, wenn auch dies Gefühl unter seinen heftigen Leidenschaften und sonderbaren Überspanntheiten nicht leicht zu erkennen war. Bisweilen, wenn er Nachts nur leicht angetrunken nach Hause zurückkehrte und ich schon schlief, kam er mit meiner Mutter zu mir an das Bette, gab mir einen sanften Kuß und sagte leise zu ihr: „Der Knabe ist das Einzige, das mir auf Erden außer Dir lieb ist; — unglücklicher Weise ruht auf ihm der Schatten seines Vaters — der schlimme Ruf seines Namens und seines Charakters. Warum muß es so sein? — Ist es gerecht? — Ist er nicht unschuldig und bin nicht ich der Schuldige?"

Es wurde nun beschlossen, daß ich zur Universität gehen und dort meine höheren Studien beginnen sollte. Mein halbblinder, alter Lehrer kam zu mir am Tage meiner Abreise.

„Joseph," sagte er, „Du gehst nun zur Universität und es freut mich, Dir vor deinen Eltern sagen zu können, daß Du ohne Zweifel bei der Aufnahme in die erste Reihe kommen wirst. Ich erwarte mit Sicherheit," fügte er, zu meinem Vater gewendet, hinzu, „daß er mir in Bälde schreiben und das erwünschte Resultat anzeigen werde. Ich kenne den Schüler und ich kenne auch den Lehrer, der ihm die letzten vier Jahre Unterricht gegeben hat!"

Der wackere, alte Professor hatte Recht. Bei der Aufnahms=Prüfung gelangte ich in die erste Reihe, aber nicht ohne Schwierigkeiten. Der Examinator sagte mir, er wünsche mich zu sprechen, sobald die Prüfungen beendigt seien. Ich blieb deßwegen in der Halle, bis die meisten Studenten sie verlassen hatten.

„Nun," sagte er, „wir müssen die Antworten vergleichen — heute können wir noch nichts bestimmen, doch zweifle ich nicht, daß Sie einer der Ersten sind. Sie haben alle Fragen in einer Art beantwortet, die mir sehr wohl gefallen hat; ich glaube, Sie sind aus gutem Holze entsprossen. Kommen Sie in meine Wohnung; ich denke, es steht in meiner Macht, Ihnen einen kleinen Dienst zu erweisen. Ihr blaues Auge könnte Ihnen vielleicht bei der Aufnahme Nachtheil bringen; allein da meine Collegen mich kennen, so hoffe ich, daß ich die Sache zu Ihren Gunsten wenden kann. Kommen Sie mit mir."

Der Mann, der so mit mir sprach, war von Statur einer der kleinsten an der Universität, aber er hatte Kopf und Herz am rechten Flecke. Als wir seine Wohnung erreichten, riegelte er vorsichtig die Thüre hinter uns zu.

„Nun ziehen Sie den Rock aus," sagte er, indem er seine Oberkleider ablegte. „Ich sehe aus der Schattirung Ihres Auges, daß Sie ein Freund des Boxens sind. Sie haben ein blaues Auge, allein ich muß Ihnen noch eines verschaffen, sonst können Sie nicht in den ersten Rang eintreten."

„Aber Herr, ich verstehe Sie nicht," rief ich erstaunt.

„Ziehen Sie Ihren Rock aus!" erwiederte er, „wir müssen ein Bischen miteinander boxen. Mein Zweck da=

bei ist, Ihnen ein zweites blaues Auge zu verschaffen, damit Sie den Platz bekommen, der Ihnen gebührt. Machen Sie nun keine Umstände und lassen Sie uns sofort beginnen!"

Als ich mich dem kleinen und unscheinbaren Manne gegenübersah, fühlte ich etwas Muth in meinem Herzen aufflammen und ich stellte mich ihm keck gegenüber. Der Kampf dauerte jedoch nicht lange; in wenigen Minuten fand ich mich der Länge nach in eine Ecke des Zimmers hingestreckt.

„Das wird genügen," sagte er, indem er mir die Hand zum Aufstehen bot und mein Gesicht betrachtete. „Jetzt haben Sie zwei blaue Augen statt eines; überlassen Sie nun das Weitere mir, Sie sollen den Platz bekommen, welchen Sie verdienen."

Aus irgend einer besonderen, instinktartigen Zuneigung nahm der edelmüthige Examinator den ganzen Spott und Tadel meines blauen Auges auf sich, indem er seinen Collegen mittheilte, er hätte gehört, ich sei ein ausgezeichneter Boxer und deßwegen habe er mich, Spasses halber, herausgefordert. Die Schattirungen um meine Augen seien die Folge dieses schlechten Witzes und das Werk seiner Hände. Es könne mich deßhalb kein Tadel treffen. Sein Plan gelang; er beschwichtigte alle Bedenklichkeiten und ich kam in die erste Reihe. Ich theilte meinem Vater und dem alten Lehrer sofort die freudige Nachricht mit und machte ihnen dadurch ein außerordentliches Vergnügen.

Ich war nun in einer sonderbaren Lage; ein doppelter Ruf ging mir voraus: ein guter und ein schlimmer. Dadurch, daß ich bei der Aufnahme in die erste Reihe gekommen, hatte ich vielfache Aufmerksamkeit erregt und viele Augen auf mich gezogen, die mich nun schonungslos kritisirten. Man kann sich meinen Aerger und Verdruß vorstellen, wenn ich sie hinter meinem Rücken flüstern hörte: „Es ist Jammerschade um den reichbegabten, hübschen jungen Mann, daß er ein solch' eingefleischter, gemeiner Klopffechter ist! Nie sieht man ihn ohne ein blaues Auge! Es heißt, er habe sich erst kürzlich mit M — geschlagen, der es mit Jedem an der Universität im Boxen aufnimmt, und man sagt, es werde nächstens ein Wettkampf zwischen ihm und Bully Boyton, dem ärgsten Streithahne der Stadt, vor ihren gleichgesinnten Freunden stattfinden. Und doch heißt es wieder, er sei sehr friedlicher Natur und habe vorgezogen, dem jungen Zitterkopf, der als ein Feigling bekannt ist, eine Beleidigung zu vergeben, statt ihn dafür nach Gebühr, wie er es leicht hätte thun können, zu züchtigen. Man weiß wirklich nicht, was man von dem jungen Macscampy halten soll; es ist wahrhaftig Schade um seine Talente und um seine Anlagen." — Ich brauche nicht beizufügen, daß an diesem ganzen Gerede kaum ein wahres Wort war.

In dieser Weise wurde mein Charakter während der Zeit beurtheilt, die ich an der Universität zubrachte. Es fehlte mir zwar nicht an Freunden, denn nirgends in der Welt findet man wohl mehr wackere und edelmüthige junge Männer beisammen, als an der Universität von Dublin. Doch führte ich ein freudloses Leben, und wenn mich nicht einigermaßen die schönen Erfolge und Preise, welche ich von Zeit zu Zeit errang, bis ich die goldenen Medaillen gewann, ermuthigt und getröstet hätten, so würde ich wahrscheinlich die Universität verlassen und meine Studien nicht vollendet haben. Aber männlicher Ehrgeiz, Ruhmsucht und der innere Drang meiner Geisteskraft ließen mich von der einmal betretenen Bahn nicht abweichen; dabei unterstützte mich mit Rath und That mein Mentor — derselbe kleine Mann, der mich mit so leichter Mühe bei unserer ersten Bekanntschaft im Boxen überwunden hatte. Der wackere Examinator hatte, wie bereits erwähnt, eine besondere Neigung zu mir gefaßt und behandelte mich mit einer uneigennützigen

Freundschaft, der ich kaum würdig war. Er leistete mir verschiedene wichtige Dienste, von denen ich erst zufällig in späterer Zeit Kenntniß erhielt.

Während meines Aufenthalts an der Universität war es mir unmöglich, nicht in Berührung mit jener Klasse von Studenten zu gerathen, welche man gewöhnlich „Bummler" heißt. Es waren dies meistens Söhne aus aristokratischen Familien, die meine Gesellschaft suchten, weil ich mich bei der Aufnahme ausgezeichnet hatte und ebenfalls der Sprößling einer, wenn auch nicht „hochachtbaren", doch „hochgebornen" Familie war. Diese Studiengenossen führten mich oft Nachts in ihre Kneipen, wo wir nicht selten des Guten mehr als zu viel genossen, dann auf dem Heimwege mit Vorbeigehenden in Streit geriethen und gewöhnlich nach einer tüchtigen Keilerei die Flucht ergreifen mußten. Bisweilen kam die Polizei dazu und nahm uns in Gewahrsam. Wir wurden zwar als Akademiker meistens glimpflich behandelt und auf Bürgschaft entlassen. Es herrschte überhaupt unter den Bürgern in Dublin im Allgemeinen eine große Vorliebe und Nachsicht gegen die akademische Jugend, welche dem gemeinen Volke oft um so mehr gefiel, je wilder und lärmender sie war. Wenn wir jedoch Abends der Polizei in die Hände fielen, so mußten wir am nächsten Morgen ohne Gnade vor der Polizeibehörde erscheinen und dann stand ich öfters in der vordersten Reihe mit dem Denkzeichen der Rauferei der letzten Nacht, wie Jedermann vermuthete, auf meiner Stirne ausgeprägt. Diese nächtlichen Streithändel kamen zwar sehr häufig vor, ohne daß ich dabei anwesend war, und kein Student schien es als eine Schande zu betrachten, sich bei denselben betheiligt zu haben; ja viele suchten sogar eine Ehre darin und beneideten mich um mein blaues Auge. Die Sache hatte aber ihre ernstere Seite, wenn eine Untersuchung stattfand. Der Polizeibeamte musterte uns dann mit seinem ruhigen, prüfenden Blicke, und obschon sich bei dem Anblick der jugendlichen Gesichter auf seiner prächtigen, hohen Stirne oft die Falten glätteten, welche seine Würde sonst auf derselben hervorrief, und es ihm unmöglich schien, unsere muthwilligen Streiche mit Strenge zu bestrafen, so unterwarf er uns, und besonders mich, doch einem scharfen Verhöre. Die Scene hat sich so häufig wiederholt, daß sie mir getreu im Gedächtniß geblieben ist. Der Verlauf war gewöhnlich folgender:

„Wer sind die Angeklagten?" pflegte der Beamte zu fragen.

„Es sind Studenten," antwortete der Polizeidiener. „Einige derselben waren gestern Abend betrunken und haben die Vorübergehenden in der Straße beschimpft und geschlagen."

„Schon wieder!" rief der Vertreter der Obrigkeit mit einem gutmüthigen Zwinkern seiner Augen. „Nun, „„Jugend hat keine Tugend"" und „„wie die Alten sungen, so zwitschern die Jungen."" Laßt die Burschen vortreten, ich glaube, ich werde die meisten von ihnen kennen."

Wir mußten nun vortreten. Ich hielt mich zwar möglichst in der hintern Reihe, weil ich bemerkte, daß kein anderer der Angeschuldigten ein blaues Auge hatte, und ich schon deßwegen fürchten mußte, wahrscheinlich als der schlimmste der Gesellschaft angesehen zu werden. Ich betrog mich in dieser Erwartung nur in sehr wenigen Fällen.

Der Beamte behandelte diese Klagen selten mit Strenge. Er legte uns gewöhnlich kleine Geldstrafen auf und gab uns gute Belehrungen auf den Weg. Wir mußten für die Zukunft Besserung geloben und damit war die Sache für die Andern gewöhnlich abgemacht. Mich aber rief der würdige Mann des Gesetzes noch besonders vor sich.

„Junger Mann," sagte er strenge zu mir, „ich mag

muthwillige Jugendstreiche nicht strenge strafen und will so nachsichtig darüber hinweggehen, als es mir meine amtlichen Pflichten gestatten. Allein wenn ich einen verhärteten und unverbesserlichen jungen Sünder, wie Sie, vor mir sehe, der das Zeichen seiner Ausgelassenheit und Rohheit fortwährend auf der Stirne trägt, so kann ich den Fall nicht so glimpflich behandeln. Ihr Gesicht ist mir wohlbekannt, ich habe es allzuoft gesehen und ich muß gestehen, es ist noch nie hier erschienen, ohne das Merkmal der Brutalität, mit welchem es gegenwärtig wieder bezeichnet ist."

In Folge dieser irrigen Anschauung wurde ich in die doppelte Geldstrafe verfällt und man gab mir zu verstehen, daß, wenn ich noch öfters unter der gleichen Anklage vor das Polizeigericht gebracht würde, es nicht unwahrscheinlich wäre, daß ich zu einer längeren Gefängnißstrafe verurtheilt werden könnte.

Gott sei uns gnädig! Was ist am Ende Gerechtigkeit? — Hier stand ich als Angeklagter, ohne daß ich an den Streithändeln der vergangenen Nacht im Geringsten Theil genommen oder einem Menschen ein Haar gekrümmt hatte, und wurde zur doppelten Strafe verurtheilt, nur weil man mich in der schlimmen Gesellschaft gefunden hatte und das unglückliche, angeborne Brandmal meine Schuld außer allen Zweifel zu stellen schien!

3.

Düstere Schatten zogen bald an meinem Lebenshimmel herauf. Ich erhielt von meiner Mutter einen schwarz gesiegelten Brief, der mich mit Angst und Schrecken erfüllte. Er enthielt die Trauernachricht, daß mein Vater gestorben sei. Obschon ich nicht ganz unvorbereitet war, erfüllte mich die Mittheilung seines ziemlich raschen Endes mit tiefem Schmerze. Auch war ich nicht wenig um meine arme Mutter bekümmert, da ich nicht wußte, in welchen Verhältnissen sie mein Vater zurückgelassen hatte,

und nicht ohne Grund fürchtete, daß der größte Theil
unseres Vermögens verschwendet sei. Die einzige Hoff=
nung, welche ich hegen konnte, gründete sich auf den
Umstand, daß ein Onkel, ein Bruder meiner Mutter,
außerordentlichen Reichthum besaß. Er war als ein
Mann von großer Klugheit, dabei aber als ein merk=
würdiger Sonderling bekannt. Von dem Tage der Ver=
heirathung meiner Mutter bis zu dem Sterbetage meines
Vaters hatte er nie mit ihr gesprochen oder ihr ge=
schrieben; auch gestattete er nicht, daß man in seiner
Gegenwart von ihr, ihrem Gemahl oder ihrem Sohne
sprach. Es schien, als wollte er uns nicht mehr kennen,
und wir konnten deßhalb keine erkleckliche Unterstützung
von ihm erwarten.

Es stellte sich bald heraus und ich war keineswegs
davon überrascht, daß mein leichtsinniger, unglücklicher
Vater als ein Bettler gestorben war und uns nichts
hinterlassen hatte als den schlimmen Ruf eines Spielers,
Verschwenders und ausschweifenden Mannes. Ich hatte
die Absicht, an meinen Onkel zu schreiben und ihm die
Noth zu schildern, in welche uns mein Vater gestürzt
hatte. Doch bat ich vorher meine Mutter um ihre Er=
laubniß und fragte sie, ob ich nun nicht der Welt die
wahre Ursache meines blauen Auges mittheilen dürfe. Sie
wollte nichts von einem Briefe an den Onkel hören und ihre
Achtung für das Andenken meines Vaters war zu groß, als
daß sie auf meinen zweiten Vorschlag eingegangen wäre.

„Als dein Vater auf dem Sterbebette lag," sagte
sie, „erklärte er mir, daß er, obschon er sich nicht als
ein Vater gegen Dich betragen und das schöne Vermögen
verschwendet habe, welches Du im Laufe der Zeit hättest
erben und besitzen sollen, doch Niemand in der Welt
lieber gehabt habe als Dich. Dir zu Liebe hätte er
bisweilen gerne seine schlimmen Neigungen und Leiden=
schaften gezügelt, allein es sei ihm nicht mehr möglich
gewesen."

Ich zweifelte nicht an der Wahrheit dieser Erklärung, aber ich fühlte die tiefe und schmerzliche Moral, welche in derselben enthalten war. Er hatte mich geliebt, aber noch mehr Spiel, Trunk und Ausschweifung. In Folge dessen waren wir am Bettelstabe.

Bei unserem ersten Wiedersehen fragte ich meine Mutter, was nun zu thun sei? — „Mein Vater," sagte ich, „hat uns keinen Heller zurückgelassen; unser ganzes Erbe ist ein schlimmer Ruf und ein verachteter Name. Sie haben Niemand, von dem Sie Unterstützung erwarten können, als mich. Was soll ich thun? Was kann ich thun? — Welchem Berufe soll ich mich widmen? Trage ich nicht dieses Brandmal als ein Kainszeichen an meiner Stirne?"

Die Folterqualen der Verdammten können kaum größer sein als diejenigen, die ich in dem Augenblicke empfand, in welchem ich diese Worte ausstieß. Gerne hätte ich den Ausruf zurückgenommen. Ich wußte, daß die Mutter sich selbst den größern Theil der Schuld an meinem Brandmale zuschrieb. Sie hatte vielleicht nicht ganz Unrecht: ohne die Leidenschaftlichkeit und erbitterte Wuth, mit welcher sie an jenem Morgen die für mich so verhängnißvolle, unglückliche Prophezeiung ausgesprochen, wäre wahrscheinlich das Unheil nicht so weit gediehen.

„Joseph," antwortete sie unter Thränen, „suche nur, dein eigenes Brod zu verdienen und Dir eine Existenz zu gründen. Ich werde Dir nicht lange zur Last fallen — meine Tage sind gezählt."

Ich tröstete die weinende Mutter, so gut ich konnte, allein ich war selbst von bangen Ahnungen erfüllt. Meine Jugend entschuldigte mich nun nicht mehr; meine Größe und männliche Statur sprachen gegen mich und Jedermann mußte mein Brandmal als das unzweideutige Zeichen unverbesserlicher Gemeinheit des Charakters betrachten. Ich will nicht versuchen zu schildern, wie schwer ich unter diesem Unrecht litt; mein Kummer wurde dadurch noch vermehrt, daß ich, mit dem vollen Bewußtsein meiner Unschuld, die Welt kaum tadeln konnte, die mich so ungerecht verurtheilte. Zwar fehlte es mir nicht an Energie und Unternehmungsgeist, allein ich sah nicht ein, was ich für mich und meine Mutter thun könnte. Ich verstand kein Handwerk oder sonstiges Geschäft; in dieser Beziehung waren meine Aussichten entmuthigend, wenn nicht ganz trostlos. Der Rest des Vermögens meines Vaters war kaum hinreichend, meine Mutter zu erhalten; von mir konnte dabei nicht die Rede sein. Trotz alledem hielt ich an dem Gedanken fest, meine Studien zu vollenden und mir eine Stellung in den höheren Kreisen der Gesellschaft zu erringen. Ich weiß nicht, wie es kam, allein plötzlich wandelte mich die Neigung an, mich der Theologie zu widmen; ich war, wie schon erwähnt, Protestant. In Bezug auf meine persönliche Erscheinung zog ich meinen Haarkünstler zu Rathe.

„Fuchs," sagte ich eines Morgens, „Sie können mir wieder die Haare schneiden, aber dieses Mal muß es in einer besondern Weise geschehen. Ich gehe heute zum ersten Mal in den Hörsaal der Theologen. Können Sie meinem Haar und Gesicht nicht etwas von einem frommen Ausdruck geben?"

Der Schelm grinste mich an, indem er nach meinem blauen Auge schielte.

„Wünschen Sie einen besonders frommen Anstrich zu haben?" — fragte er.

„Nun, so gut als es möglich ist," erwiederte ich.

„Wohlan, wir wollen den Versuch machen," sagte Fuchs. „Zum Ersten muß ich das Mal mit einer Farbe bedecken — aber mit keiner schwarzen, wie Sie wohl begreifen werden," setzte er ironisch hinzu.

„Weiter im Text, Fuchs," rief ich; „die Farbe überlasse ich Ihrem Kunstsinn."

„Dann müssen Sie eine schwarze Perrücke aufsetzen und eine grüne Brille tragen."

„Gut," sagte ich, „nur gleich an's Werk!"

Er bestrich mein Auge mit einer Fleischfarbe, drückte mir eine lange, schwarze Perrücke auf den Kopf, verschaffte mir ein paar grüne Augengläser und verwandelte mich so in einen angehenden Theologen der anglikanischen Kirche.

„Nun," sagte er, als er fertig war, „das Kostüm wäre nicht übel; die Sache macht sich! Ich hoffe, daß der Schritt gelingen werde und daß, wenn Sie einst ein Bischof der Hochkirche sind, Sie den Fuchs nicht vergessen werden, der Sie zur Theologie vorbereitete."

Es lag ein bitterer Spott in seinem Scherze, der vielleicht nicht absichtlich und nicht so bös gemeint war. Ich wußte nicht, ob ich seine Derbheit als Spaß oder Beleidigung aufnehmen sollte; doch gelang der erste Schritt wirklich gut und das war die Hauptsache. Ich hatte das Glück, unter den Theologen die gleichen Erfolge wie bisher zu erringen; allein sie waren von keiner langen Dauer. Die Geschichte, wie mich der Haarschneider vermummt und kostümirt hatte, wurde bald bekannt; meine eigene Thorheit war daran Schuld, da ich nicht Verstand genug besaß, das Geheimniß zu bewahren. Die Folgen lassen sich leicht denken: es wurde allgemein vermuthet und angenommen, daß ich mich diesem Studium nur eines schlechten Witzes wegen und um die Theologie und Religion gleichzeitig lächerlich zu machen, gewidmet habe. Ja Manche gingen so weit, mich als einen Ungläubigen und Atheisten zu verschreien, der unwürdig sei, in christlicher Gesellschaft zu leben. Um nicht ausgestoßen zu werden, blieb mir unter den Umständen nichts übrig, als mich, so rasch als möglich, von der Theologie zurückzuziehen.

In dieser Weise häuften sich meine Mißgeschicke; alle Laufbahnen schienen sich mir zu verschließen und dabei nagte der Kummer über die Lage meiner armen Mutter mir unaufhörlich am Herzen. Ich überdachte alle Schritte, die ich thun konnte, um ihr Unterstützung zu verschaffen. Auf die Vollendung meiner Studien mußte ich verzichten. Es fehlten mir nicht nur die finanziellen Mittel, sondern durch das Zusammentreffen der unglücklichen, oben erzählten Umstände hatte mein Ruf so sehr gelitten, daß mir die Welt alle Thüren verschloß. Das Feld der Literatur war das einzige, das sich mir noch darbot, und ich warf mich auf dasselbe mit dem Flammeneifer, mit welchem ich alle geistigen Unternehmungen in Angriff nahm. Allein ich fand, daß ich, wie viele Andere, die sich in ihren Studien ausgezeichnet haben, doch den schöpferischen Genius nicht besaß, um mit den Produktionen meines Geistes Epoche und mir einen berühmten Namen zu machen. Viele haben Gold=Medaillen und die glänzendsten Auszeichnungen an der Universität errungen und doch als Schriftsteller sich kaum zur Mittelmäßigkeit erheben können. Berühmte Dichter und Gelehrte, wie Goldsmith und Swift, wurden auf der Universität als Dummköpfe betrachtet und erhielten dort weder Ehren noch Medaillen. Sollen wir deßwegen einen Tadel auf die höchsten Bildungsanstalten des Landes werfen? Ich glaube nicht. Mit dem erhabenen, freien Geistesfluge des Genies sind die Alltags=Studien und Alltags=Gewohnheiten des Besuchs der Collegien kaum vereinbar. Während ein mittelmäßiger, aber unermüdlich fleißiger Kopf sich in die Tiefen der Wissenschaft und der klassischen Literatur in der Hoffnung versenkt, die Auszeichnungen und den Ruhm zu gewinnen, welcher gewöhnlich sich nicht über die Mauern der Universität verbreitet, schwebt der schöpferische, dichterische Genius in poetischen Träumen, baut sich romantische Luftschlösser und macht seine ersten Entwürfe zu den unsterblichen Meisterwerken, welche die Welt in Erstaunen setzen sollen.

Nachdem mir auch dieser Versuch mißlungen, wußte ich nicht, was ich anfangen oder wohin ich mich wenden sollte. Hätte mich die Welt mit einiger Nachsicht und

Milde behandelt, so würde sie ohne Zweifel herausgefunden haben, daß mein blaues Auge nicht das Kennzeichen der Ausschweifung und Rohheit, sondern ein Spiel der Natur war, wie hundert Andere mit ähnlichen Merkmalen geboren werden. Dies ist jedoch nicht die Art, wie die Welt in solchen Fällen handelt. Sie beurtheilt einen Mann gewöhnlich nicht nach seinem ganzen Leben, sondern nur nach einzelnen Thaten, Erscheinungen und zufälligen Umständen. An diese legt sie ihren Maßstab an, untersucht nicht, was Wahres oder Falsches an den allgemein verbreiteten Darstellungen ist, und spricht deßwegen oft ein völlig ungerechtes Urtheil über Menschen aus, gegen welche sie einmal ein Vorurtheil gefaßt hat.

In den Kreisen unserer Bekannten herrschte damals die Ansicht vor, daß mein verstorbener Vater meine Mutter und mich in ziemlich günstigen Vermögensverhältnissen zurückgelassen habe. Wie bereits gesagt, war leider das Gegentheil der Fall. Es drohte uns Mangel und Noth und dieser Umstand mag einigermaßen entschuldigen, daß ich nun auch niedrige Mittel nicht verschmähte, um uns aus diesem drückenden Zustande herauszureißen. Ein böser Geist flüsterte mir ein, daß ich heirathen und eine reiche Parthie machen solle. Ohne viel Überlegung entschloß ich mich, den Plan auszuführen, sobald sich die Gelegenheit darbot. Ich war mit einigen Mädchen in der Universitätsstadt bekannt geworden; unter ihnen war eine schöne Blondine, die ein beträchtliches Vermögen ererbt hatte. Das Mädchen gefiel mir, noch mehr aber ihr Geld, da ich die Sache nur als eine Spekulation betrachtete. Ich mache dies Geständniß nicht ohne Beschämung, doch möchte ich fragen, wie viele junge Männer in jetziger Zeit anders handeln? Schönheit und Reichthum gepaart — welche unwiderstehliche Versuchung für unsere moderne Männerwelt, welche auch der Häßlichkeit huldigt, wenn sie mit Gold und Silber ausgestopft ist!

Ich fühlte, daß es unter den obwaltenden Umständen

klüger sein würde, Anfangs meiner Auserkornen etwas
ferne zu bleiben und ihr meine Huldigungen nicht per=
sönlich darzubringen. Durch eine gefühlvolle Correspon=
denz, dachte ich mir, kannst du am leichtesten die Nei=
gung des Mädchens gewinnen; du mußt ihr einige
sentimentale Briefe schreiben und durch die Schönheit
deines Styls ihr Herz erobern. Das wird keine schwere
Aufgabe für dich sein, besonders wenn du Zuflucht zu
Rousseau nimmst und den Inhalt von ihm borgst. Ich
leitete die Sache in dieser Weise ein und es ging nach
Herzenswunsch; meine Uebersetzungen aus der „Nouvelle
Héloise" waren glücklich und gut gewählt und die Ge=
fühle so zärtlich, als sie nur sein konnten. Meine Briefe
wurden beantwortet und schließlich erhielt ich eine freund=
liche Einladung, meiner Schönen und ihrem Onkel an
einem Abende einen Besuch abzustatten.

Nun blieb mir nichts übrig, als mich wieder an den
Haarkünstler Fuchs zu wenden. Ich ging deßwegen zu
ihm, gestand ihm offen den Zweck meines Kommens und
bat um seine Unterstützung zu meinem Vorhaben.

„Wohlan," sagte er, „es ist mir zwar nicht gelun=
gen, Sie zum Bischof der Hochkirche zu machen, aber ich
bin vielleicht jetzt glücklicher und führe Sie in den Hafen
ehelicher Glückseligkeit ein."

Er nahm seine ganze Geschicklichkeit zusammen, malte
mein Auge mit Fleischfarbe an und schmückte meinen
Kopf und meine Haare in einer so gelungenen Weise,
daß ich mich mit frohem Muthe und großem Selbstver=
trauen auf den Weg zu meiner Holden begab. Ohne
Selbstüberhebung durfte ich mich, was Wuchs, Gestalt
und äußere Erscheinung betraf, mit den meisten jungen
Männern meiner Zeit messen; mein blaues Auge war
sorgfältig verdeckt und ich schmeichelte mir mit der Hoff=
nung, bei dieser Gelegenheit meine Schöne zu überraschen
und durch einen „Handstreich" zu erobern.

Sie wohnte außerhalb der Stadt. Der Respekta=

bilität wegen fuhr ich in einer Droschke zu ihrem Hause. So weit war alles gut; allein mein gewöhnlicher Unstern fügte es, daß an diesem Abende das Wetter außerordentlich regnerisch und stürmisch war. Der Sturmwind schlug mir den Regen mit Gewalt in's Gesicht und ich konnte mich in keiner Weise dagegen schützen. Als wir endlich bei dem prächtigen Hause der jungen Dame oder eigentlich ihres Onkels ankamen, war meine Frisur und Toilette in völliger Unordnung und das Mal an meinem Auge so klar sichtbar, als ob man die Fleischfarbe absichtlich abgewaschen hätte. Ich verlor allen Muth, besonders als der Onkel des Mädchens mich einlud, in sein Zimmer zu treten, um dort meine Toilette wieder in Ordnung zu bringen.

„Mein lieber, junger Mann, wir haben stürmisches Wetter heute Abend," sagte er, „kommen Sie mit mir, ich will Ihnen selbst behilflich sein." Er ergriff mit diesen Worten ein Handtuch und wischte mir mit zuvorkommender Höflichkeit selbst die nassen Haare aus dem Gesichte. Erstaunt blickte er auf meine Stirne.

„Zum Kukuk!" sagte er. „Ihr Gesicht ist jetzt doch wieder trocken und rein, mit Ausnahme einer Schattirung um Ihr linkes Auge, welche ich nicht wegwischen kann. He, Johann, bringe mir ein Stück Seife!"

„Entschuldigen Sie, werther Herr," sagte ich, „ich habe ein kleines Unglück gehabt. Sie wissen, ich bin Liebhaber von Reiten und Jagen. Vorgestern wollte ich nun mit meinem Pferde über einen Graben setzen, der ihm zu breit war. Es stürzte und ich erhielt dies kleine Denkzeichen bei dem Abenteuer."

Der Onkel lächelte ungläubig, die junge Dame empfing mich aber trotz des Fleckens an meinem Auge sehr freundlich und der Abend verlief in heiterer Gemüthlichkeit. Beim Abschiede erhielt ich eine Einladung zum Mittagessen an einem spätern Tage. Inzwischen wurden aber wahrscheinlich Nachfragen über mich und mein blaues

Auge angestellt und eines schönen Morgens brachte mir die Post die höfliche Anzeige des Onkels, daß er mit seiner Familie einige Tage verreisen werde und als Vormund seiner Nichte meinen Bewerbungen um ihre Hand seine Genehmigung verweigern müsse.

Nicht ohne innere Beschämung mußte ich mir gestehen, daß dieses Mißgeschick die verdiente Strafe meiner Heirathsspekulation war und daß meine falschen Liebesbetheuerungen nur die angemessene Beurtheilung erfahren hatten. Allein alle meine Mittel, Geldmittel wie andere, gingen zur Neige und hätte meine Mutter von einem edlen, ungenannten und unbekannten Wohlthäter nicht eine regelmäßige, wenn auch kleine Unterstützung erhalten, ich weiß nicht, was schon damals aus ihr und mir geworden wäre. Es konnte dem Wohlthäter, der uns eine so willkommene Hilfe leistete, nicht in den Sinn kommen, daß ein junger Mann, welcher seine Studien bisher mit Auszeichnung zurückgelegt hatte, statt seine Mutter zu unterstützen, immer noch von ihren Mitteln abhängen und die kleine Gabe mit ihr theilen müsse, welche sie von ihm, dem Unbekannten, empfing. Obschon ich wußte, daß meine treue Mutter den letzten Bissen mit mir theilen würde, so kam es mir ebenso unmännlich, als unedel vor, ihr zur Last zu fallen. Dieser Gedanke trieb mich an, mir auf irgend eine Weise eine Stellung und einen Verdienst zu verschaffen.

Ein Freund rieth mir, da ich Protestant war, mein Glück bei einer der verschiedenen protestantischen Sekten zu versuchen. Zwar hätte mich das Mißgeschick in der Klasse der Theologen von einem solchen gewagten Schritte abschrecken sollen; allein ich war, wie man zu sagen pflegt, am Ende meines Witzes und es schien mir dieser Ausweg noch die einzige Möglichkeit zu bieten, aus meiner bedrängten Lage heraus zu kommen.

Ich begab mich zu einem wohlbekannten Bischofe der englischen Hochkirche und stellte mich ihm als ein Akabemiker vor, der seine Studien nicht ohne Auszeichnung zurückgelegt und in letzter Zeit sich hauptsächlich mit Untersuchungen über die Dogmen des Katholizismus und Protestantismus und die Natur des wahren Glaubens beschäftigt habe.

„Was heissen Sie die Natur des wahren Glaubens?" fragte er.

„Nun, Excellenz" — erwiederte ich, „Sie kennen ohne Zweifel die schöne Allegorie von Dryden: „Die Hindin und der Panther" — „Eine milchweiße Hindin —"

„Sie ist mir wohlbekannt" — versetzte er. „Allein ich muß gestehen, ich sehe wenig Ähnlichkeit zwischen der milchweißen Hindin und Ihrem blauen Auge. Wenn dies der Zweck Ihres Besuchs ist und Sie mir nichts anderes mitzutheilen haben, so bitte ich Sie, mich zu verlassen. Ich habe keine Zeit mit Aufschneidern und Betrügern zu verlieren."

„Ist das Ihre christliche Nächstenliebe und Barmherzigkeit?" — fragte ich.

„Ehe Sie wieder hieherkommen, mein Herr, um mit mir über Religion zu sprechen," erwiederte er mit Schärfe, „so machen Sie, daß Sie Ihr Merkzeichen an der Stirne los werden — es gereicht Ihnen zur schlechten Empfehlung."

Damit öffnete er die Thüre und entließ mich voll des Geruchs seiner christlichen Milde und Barmherzigkeit.

„So ist die Welt" — rief ich mir zu. „Immer und überall urtheilt sie nach dem Scheine, nach den äußern Anzeichen und nach ihren Vorurtheilen."

Nachdem mich die Hochkirche zurückgestoßen, beschloß ich in meinen bedrängten Umständen, mich an die Methodisten zu wenden und machte deßhalb einem ihrer volksthümlichsten Prediger einen Besuch. Ich führte mich bei ihm als einen jungen Mann ein, der, von dem Geiste der Religion ergriffen, den Verführungen der sündigen Welt zu entfliehen und hinfüro, von innerer Gnade ge-

leitet, sich zu Zion, dem Berge des Heils, zu erheben
suche. Sein Gesicht nahm einen scheinheiligen Ausdruck
an, zu welchem die Fleischeslust der breiten, wülstigen
Lippen einen sonderbaren Contrast bildete.

„Wie wollen Sie mir Ihren Seelenzustand bezeich=
nen?" fragte er.

„Ich möchte," antwortete ich, indem ich mein Ge=
sicht möglichst in die Länge zog, „meine Seele mit einem
Feuerbrande vergleichen, den man dem flammenden Schei=
terhaufen entrissen."

„Wenn ich die Richtigkeit Ihrer Vergleichung auch
nicht bestreiten will, Herr Macscampy," sprach er feier=
lich, „so kann ich Ihnen nur sagen, daß ein dem flam=
menden Holzstoß entrissener Feuerbrand sich zuerst abküh=
len sollte, ehe er vor einem Priester des wahren Evan=
geliums als ein bekehrter Sünder mit einem blauen Auge
erscheint. Gehe hin, Jüngling, und sündige, wenn mög=
lich, nicht wieder."

„Dieses ist, würdiger Prediger" — erwiederte ich
mit Entrüstung, „eine unchristliche und lieblose Anwen=
dung eines der schönsten Aussprüche der heiligen Schrift."

Der Methodistenprediger starrte mich verblüfft mit
offenem Munde an, während ich meinen Hut ergriff und
mich rasch entfernte.

Zur guten Letzt nahm ich meine Zuflucht zur Sekte
der Quäker, aber mit demselben Erfolge. Sie seien
eine friedliche Verbrüderung, sagte mir einer derselben;
sie lieben weder Krieg noch Kampf, Streit oder Thät=
lichkeiten und, setzte er hinzu: „wenn Du wirklich wün=
schest, in die friedliche „„Gesellschaft der Freunde""
aufgenommen zu werden, so mußt Du nicht vor uns
erscheinen mit einem blauen Auge, dem Kennzeichen der
Gewaltthätigkeit, wie es gegenwärtig so deutlich auf
deinem Gesichte ausgeprägt ist."

Dieses fortdauernde Mißgeschick trieb mich beinahe
zur Verzweiflung. Meine Mutter war krank geworden

und die Ausgaben für die ärztliche Behandlung und eine Wärterin nahmen die letzten Mittel weg, die sie noch besaß. Sie konnte nichts mehr für mich thun, und da ich Niemand um Unterstützung ansprechen wollte und sich mir keine Hilfsquelle darbot, so sank ich immer tiefer und tiefer, bis zur äußersten, bittersten Noth herab. Meine Kleidung war zerrissen, von einem Tage zum andern wußte ich nicht, mit was ich mich ernähren sollte, und durchzog Nachts die Straßen von Dublin, ohne einen Heller in meiner Tasche. Oft blieb ich zwei Tage und Nächte ohne Speise und Trank, schlief in offenen Säulengängen und auf Stiegen und führte, mit einem Worte, ein verzweiflungsvolles, elendes Leben.

Eines Tages, als ich mich in diesem erbarmungswürdigen Zustande befand, — von Hunger und Noth niedergedrückt, abgemagert und in zerfetzter Kleidung — wem sollte ich plötzlich auf der Straße begegnen, als — meinem frühern Examinator, der mir so manche Freundschaftsdienste erwiesen und mich nach der Aufnahmsprüfung, um mich in die erste Reihe zu bringen, mit einem zweiten blauen Auge geschmückt hatte!

„Zum Kukuk!" rief er, als er mich in diesem Aufzuge erblickte; „sind Sie es oder ist es Ihr Geist, Herr Macscamph?"

„Ich weiß es selbst nicht genau," erwiederte ich, „ob ich noch am Leben bin oder als Geist auf der Welt herumwandle; allein ich fürchte, Sie täuschen sich in meiner Person; denn, für wen Sie mich immer halten mögen, ich bin nicht der Mann, welchen Sie vor einiger Zeit gekannt haben."

„Nun, wenn Sie der Mann nicht sind," sagte er erstaunt, „wer sind Sie denn?"

„Ein armer, elender Bettler," antwortete ich, „ein Mann, der durch die Ungerechtigkeit und Unbarmherzigkeit der Welt zur bittersten Noth und zum tiefsten Elende herabgesunken ist."

„Ich bedaure sehr," versetzte er, indem er mich mitleidig betrachtete, „daß ich Sie nicht früher gefunden habe; die ganze Woche hindurch stellte ich in der Stadt Nachforschungen nach Ihnen an. Es ist gut, daß ich Sie gefunden; Sie müssen heute Abend in meine Wohnung kommen, Sie werden bei mir ein übriges Bett und zwar kein schlechtes finden."

„Ich danke Ihnen," erwiederte ich, „allein ich möchte Niemanden zur Last fallen."

„Machen Sie sich darüber keine Sorge," bemerkte er freundlich; „hier ist eine Kleinigkeit; lassen Sie sich ein gutes Mittagessen geben und kommen Sie, wenn es dunkel geworden, in meine Wohnung." Mit diesen Worten drückte er mir eine Banknote in die Hand. Ich blickte ihn erstaunt an. Noch regte sich ein Funken Stolz in mir.

„Warum wenn es dunkel geworden ist?" fragte ich. „Schämen Sie sich meiner vielleicht?" — Ich glaube, es traten Thränen in meine Augen.

„Nicht im Geringsten," antwortete er; „aber ich habe besondere Gründe, warum ich wünsche, daß Sie vorläufig bei mir im Geheimen wohnen sollen; Sie werden die Gründe später einmal erfahren."

Mit diesen Worten verabschiedete sich mein edelmüthiger Freund und ich ging in die nächste Speisewirthschaft, um mir nach langer Zeit der Entbehrung wieder einmal recht gütlich zu thun. Am Abende suchte ich seine Wohnung auf, wo er mich freundlich empfing und mich in mäßiger Weise mit Speise und Trank bewirthete. Die Stunden verflossen uns rasch im heitern Gespräche und es war nahe an Mitternacht, als er mir ein weiches Feldbett anwies und mir eine sanfte Ruhe wünschte. Am nächsten Morgen frühstückten wir zusammen; es schien mir aber, als ob mein Freund und Wohlthäter eine ernsthaftere und weniger freundliche Miene angenommen hätte. Er sprach nicht viel und was er sagte, klang mir oft räthselhaft. Sobald das Frühstück beendigt war, brach er auf, um einige werthvolle Gemälde zu besichtigen, die man ihm als bekannten Kunstkenner angetragen hatte. Er entschuldigte hiermit sein rasches Weggehen und ließ mich, ohne viel Umstände, allein in seiner Wohnung zurück. Dieses sonderbare Benehmen befremdete mich einen Augenblick und ich konnte es mir nicht erklären; doch war ich allzu sehr von seinem edeln Charakter und seiner aufrichtigen Freundschaft überzeugt, als daß ich mir über diese Sonderbarkeit hätte Grillen machen wollen.

Während ich seine Rückkunft in Geduld erwartete und inzwischen in einigen Büchern blätterte, trat ein bejahrter Mann in das Zimmer, der eine abgetragene Livree trug. Er machte eine tiefe Verbeugung, welche mir bei seinem Alter und meinen Zuständen höchst sonderbar, wenn nicht lächerlich erschien. Nachdem er sich wieder aufgerichtet hatte, betrachtete er mich mit einem scharfen, forschenden Blicke vom Kopf bis zu den Füßen. Meine Kleidung war, wie ich bereits oben bemerkt, so beschmutzt und zerrissen, daß mir seine Aufmerksamkeit sehr beleidigend vorkam und ich im Begriffe war, dem unhöflichen Neugierigen, der mich unverwandt anstarrte, die Thüre zu weisen, als er mich durch folgende Anrede in kein geringes Erstaunen setzte.

„Ich habe erfahren, mein Herr," sagte er, „daß Sie einen Bedienten suchen, der Ihre Ausgänge besorgen und Sie ankleiden soll, und so wahr ich lebe, es scheint mir wirklich, wenn ich Ihr gegenwärtiges Kostüm aufmerksam betrachte, daß es für Sie eine schwierige und gefährliche Aufgabe sein muß, sich ohne Bedienten anzukleiden."

Die kaltblütige Unverschämtheit, mit welcher der Bursche mir diese impertinente, aber ziemlich wahre Bemerkung in's Gesicht sagte, hatte etwas so Komisches an sich, daß ich unwillkürlich lachen mußte. Ich legte deßhalb weniger Gewicht auf die Beleidigung, welche damit verbunden war, und statt den alten Kerl zum Zimmer hinaus zu werfen, wie ich zuerst beabsichtigt hatte, erwiederte ich in ruhigem Tone:

„Du bist an den unrechten Mann gerathen, alter Bursche, und scheinst deine Leute nicht zu kennen. Ich bin nicht der Herr, dem diese Wohnung gehört; er ist ausgegangen."

„Ob ich an den rechten oder unrechten Mann gerathen bin," erwiederte er, „wird sich später zeigen und muß die Zeit lehren. Immerhin komme ich, um mich Ihnen als Bedienten anzutragen."

„Weißt Du," sagte ich, „daß Du Dich an einen Bettler wendest? Wie kann ein Mann ohne alle Mittel, der kaum sein eigenes Leben fristet, einen Bedienten halten und besolden?"

„Ich verlange nicht, daß Sie mich besolden oder verköstigen," versetzte er rasch; „ich werde Ihnen gewiß nicht zur Last fallen.

„Aber," erwiederte ich unwillig, „wenn ich wirklich Thor genug wäre, Dich in meine Dienste zu nehmen, so hätte ich ja weder Arbeit, noch Brod oder Lohn für Dich. Ich trage meine ganze Garderobe an mir; meine Baarschaft besteht aus einigen wenigen Schillingen — ich habe weder Haus noch Geld, noch Credit. In der letzten Zeit habe ich ein so elendes Leben geführt, daß ich oft — sehr oft gewünscht habe, zu sterben, um dem Mißgeschicke zu entrinnen, das mich unaufhörlich verfolgt." Ich mußte mich abwenden, da mir unwillkürlich Thränen in die Augen traten. „Du weißt nicht," fuhr ich nach einer Pause fort, „zu welchem Elend ein Mann von Bildung herabsinken kann, den die ungerechte Welt zurückstößt und auf dem," fügte ich halblaut hinzu, — „der Schatten des Namens seines Vaters haftet."

„Nun gut, junger Herr," sagte er in besänftigendem Tone; „das Unglück mag Sie verfolgt haben, allein Sie haben wohl auch nicht das regelmäßigste Leben geführt und sind ein Bischen wild gewesen. Wie sind Sie denn zu Ihrem blauen Auge gekommen?"

Die Frage überraschte mich, und ohne zu überlegen, erwiederte ich: „Das ist ein Familiengeheimniß, das mit mir begraben werden wird."

Im Augenblicke, da mir die Worte entschlüpft waren, fühlte ich, daß ich zuviel verrathen hatte; ich besann mich schnell und fügte rasch hinzu: „Nun, wenn Du es wissen willst, ich habe es vor einigen Tagen bei einer Schlägerei in der Straße davon getragen."

Ich weiß nicht, wie es kam, ob es die Folge der in letzter Zeit ausgestandenen äußersten Noth und Entbehrung und meiner dadurch geschwächten Nerven war oder ob mich das verzweiflungsvolle Gefühl meines unverschuldeten Mißgeschickes, meiner Hilflosigkeit und der Gedanke, daß ich die wahre Ursache meiner bedauernswürdigen Lage keinem Menschen auf Gottes weiter Erde anvertrauen durfte, plötzlich so weich stimmten — kurz, ich konnte meine Thränen nicht zurückhalten und verbarg mein Gesicht mit beiden Händen. „Wenn Du menschliches Gefühl hast und meiner Armuth und Noth nicht spotten willst, alter Mann," — rief ich, „so wiederhole mir dein kränkendes Anerbieten nicht mehr und verlasse einen Unglücklichen, dessen Elend Dir nun kein Geheimniß mehr ist."

Er blieb eine Weile unentschlossen stehen, dann aber, statt zur Thüre zu gehen, trat er einige Schritte näher, ergriff mich bei der Hand und sprach mit einem eigenthümlichen Ausdrucke, der nicht ohne Mitgefühl war:

„Entschuldigen Sie meinen Vorwitz, junger Mann, ich habe Sie aber vorhin für sich äußern hören, daß an Ihnen der Schatten des Namens Ihres Vaters hafte. Dieser Schatten muß Ihnen schon sehr viel Unglück verursacht haben, sonst wäre dieser harte Ausdruck wohl nie über Ihre Lippen gekommen?"

Das auffallende Benehmen und diese sonderbare Frage

des fremden alten Mannes, der mir mit solcher Zudringlichkeit seine Theilnahme und seine Dienste anbot, setzten mich in ein solches Erstaunen, daß ich weder etwas zu erwiedern, noch seine Hand abzuschütteln vermochte. Ich betrachtete stumm seine schäbige Livree und sein wettergebräuntes, ernstes, aber ziemlich gutmüthiges Gesicht.

„Ist Ihre Mutter noch am Leben?" brach er endlich das Stillschweigen.

„Ja, sie lebt," antwortete ich, „aber leider in großer Noth; und mein größter Schmerz besteht darin, daß ich mit meinen Talenten und mit meiner geistigen Bildung ihr nicht die geringste Unterstützung gewähren kann. Ihre einzigen Existenzmittel verdankt sie der Güte eines unbekannten Freundes, welcher offenbar nicht in der Lage ist, mehr für sie zu thun."

„Hat sie denn aber keine Verwandte, welche ihr Hilfe leisten und sie ihren bedrängten Verhältnissen entreißen könnten?"

„Meine Mutter hat einen Bruder, der ein außerordentlich großes Vermögen besitzen soll; ich habe aber meinen reichen Onkel nie gesehen."

„Nie gesehen! — Sagen Sie mir doch, wie ist das gekommen?"

„Nun, wenn es Dich interressirt, auf folgende Weise," antwortete ich. „Seit der Heirath meiner Eltern hat der Onkel nie gestatten wollen, daß man mit ihm von ihnen oder von mir spräche. Er will nichts von uns wissen; er kennt uns nicht. Unsere Namen sind bei ihm verpönt. Wenn aber auch ein Fehler oder Verbrechen in der ehelichen Verbindung meiner Eltern lag, so war ich doch gewiß unschuldig daran. Ist es nicht ungerecht, daß ich dafür büßen soll?"

Als er diese letzten Worte hörte, ging er von mir weg und schritt, wie mir schien, in ziemlicher Aufregung mehrere Male im Zimmer auf und ab. Dabei versuchte er, seine Hände in die Rocktaschen zu stecken; da seine graufarbige Livree aber viel zu lang und zu weit für ihn war, so gelang es ihm nicht. Seine Arme reichten nicht hinunter und dies steigerte sichtlich seinen Unwillen.

„Wenn das wahr ist, was Sie sagen," rief er zornig, „so ist Ihr Onkel ein verd—, alter Geizhals und Bösewicht; das ist m e i n e Meinung!"

„Du unverschämter, alter Spitzbube," brach ich jetzt los. „So lange deine Zudringlichkeiten und Grobheiten nur mir galten, habe ich sie mit Geduld ertragen können, obschon ich deine Beleidigungen wohl gefühlt habe. Wie kannst Du Dich aber erfrechen, in so beschimpfenden Ausdrücken von einem ehrenwerthen Angehörigen meiner Familie zu sprechen?"

„Ich bitte um Entschuldigung, junger Herr," sagte er; „der Unwille über das Benehmen Ihres Onkels hat mich den Anstand vergessen lassen. Wenn Sie mich aus dem Zimmer fortjagen würden, so hätte ich die Strafe wohl verdient; allein erlauben Sie mir nur noch eine Frage. Wie kommt es, daß Sie so gar keine Freunde haben?"

„Weil die Laufbahnen der Ehre und des Ruhms, in welche ich mich längst gerne geworfen hätte, mir alle von der Welt verschlossen sind und weil der Hungrige und Bedrängte selten Freunde hat."

„Das ist allerdings eine traurige und betrübte Lage," bemerkte er. „Aber wenn die Welt Sie in dieser Weise verstoßen hat, warum haben Sie nie Ihr Glück versucht? Vielleicht wäre es Ihnen am Spieltische geglückt? Haben Sie nie gespielt?"

„Nein, ich war nie ein Spieler," antwortete ich, „und will auch, so Gott will, nie einer werden. In Folge von Vergnügungs- und Spielsucht und Verschwendung ist unsere Familie an den Bettelstab gerathen."

„Welchen Charakter besaß denn Ihr Vater?" fragte der Alte.

„Ich kann nicht ohne Achtung von meinem Vater sprechen," erwiederte ich. „Ich erinnere mich noch wohl, daß er einmal in der Nacht an mein Bett kam, mir einen sanften Kuß gab und, während seine Thränen auf mein Gesicht herabfielen, zu mir sagte: „„Armer Knabe, Du bist bestimmt durch das Leben zu wandeln unter dem Schatten, der den Namen deines Vaters verdunkelt."" — Mein Vater beging viele Thorheiten, aber er war kein Verbrecher. Möge er im Frieden ruhen!" —

Der alte Bursche wandte sich von mir ab und begann in einer sonderbaren Weise zu husten und sich zu räuspern, indem er unverständliche Worte zwischen den Zähnen murmelte. Dabei schüttelte er den Kopf und fluchte endlich heraus: „Zum — zum T—! Was steckt mir denn im Kopfe? Aha, ich habe meine Schnupftabaksdose vergessen. Das ist es! Wenn ich nur eine Prise hätte!" Nun hatte ich während der ganzen Zeit der Conversation die Dose des Examinators, welche er zurückgelassen, in den Händen gehalten. Ich öffnete sie und bot dem Alten eine Prise an.

„Schnupfen Sie?" fragte er, indem er mich scharf und argwöhnisch anblickte.

„Nein, ein Bettler hat kein Geld zu Schnupftabak," antwortete ich lachend. „Diese Dose gehört dem Herrn Examinator, der sie wahrscheinlich vergessen hat. Deßwegen darf ich Dir aber doch eine Prise anbieten."

Er nahm eine starke Prise und nieste und räusperte sich darauf wohl fünf Minuten lang in einer Art, die mich nicht wenig belustigte. Mein Tabak oder vielmehr derjenige meines Freundes war zu stark für ihn. Sein Niesen war so anhaltend und so laut, daß ich fürchtete, er möchte ein Blutgefäß zersprengen. Endlich kam er wieder zu Athem und bemerkte: „Der Examinator schnupft vom echten! — Nun, Sie sagten, glaube ich, Sie wollten Ihr Glück am grünen Tische versuchen?"

„Nein," erwiederte ich, „das thue ich sicherlich nicht. Habe ich Dir nicht gesagt, durch den Spieltisch hätten wir unser ganzes Vermögen verloren?"

„Warum heirathen sie nicht? Ein Mädchen oder eine Wittwe mit Vermögen hätte ihnen aus der Noth helfen können!"

„Den Versuch habe ich schon einmal gemacht, allein mit dem gleichen schlechten Erfolge, — der mir überall zu Theil wird. Es bleibt mir jetzt wohl nichts mehr anders übrig, als mich als gemeinen Soldaten anwerben zu lassen. Ich hätte dies schon früher gethan, allein ich wollte mich nicht gerne von meiner Mutter trennen und hoffte noch immer, irgendwo im Lande eine Existenz zu finden, die es mir möglich machen würde, meiner Mutter in ihren alten Tagen ein angenehmes Leben zu bereiten."

„Was für eine Frau ist Ihre Mutter?" fuhr der unermüdliche Fragesteller fort.

„In den jüngern Jahren ihres Lebens hatte sie einen etwas eigensinnigen und stolzen Charakter und war in dieser Beziehung, wie man mir gesagt hat, ihrem Bruder, meinem Onkel, nicht unähnlich. Dagegen hatte sie für ihre Freunde stets ein liebreiches Gemüth und war wohlthätig gegen die Armen, so lange sie die Mittel besaß, wohlthätig zu sein."

Der Alte zog ein schiefes Gesicht, räusperte sich nochmals und begann wieder: „Warum haben Sie sich denn nicht an ihren reichen Onkel gewandt?"

„Ich habe mit meiner Mutter einmal früher darüber gesprochen und sie hat mir erwiedert, daß sie es nicht wünsche, denn sie glaube, jedes derartige Ansuchen würde von ihm mit Spott und Hohn zurückgewiesen werden. — „„Der Mann,"" sagte sie zu mir, „„bei dem selbst unsere Namen verpönt sind, wird uns nie als seine Blutsverwandten ansehen und anerkennen wollen; er wird uns sein Haus verschliessen, gerade wie er uns schon lange aus seinem Herzen ausgeschlossen hat. Und doch haben wir als Kinder so oft mit einander gespielt und war er einst mein liebster Bruder!"" — setzte sie hinzu, indem sie bittere Thränen vergoß. „„Meine anderen Brüder sind alle gestorben; Niemand lebt mehr von den ältern Gliedern der Familie als er und ich. Wie traurig ist es, daß wir nicht in Frieden und Eintracht unsere Tage zusammen verbringen können! Allein er ist reich, sehr reich und wir sind Bettler."

„„Aber,"" gab ich meiner Mutter zur Antwort — „„ich sehe klar, daß, wenn Dich auch der Onkel vernachlässigt hat und Du ihm lange entfremdet worden bist, deine Liebe zu ihm sich doch nicht verändert hat. Wenn er dies weiß, wird er bei seinem enormen Reichthume uns gewiß nicht darben und hungern lassen.""

„„Oh!"" rief sie, „„es ist nicht wegen seines Reichthums, daß mich seine Strenge und Zurücksetzung kränkt — o nein! Die schwesterliche Liebe in meinem Herzen gilt nicht dem reichen Manne der Welt, sondern dem fröhlichen, heitern Knaben, dem Spielgenossen meiner frühesten Jugend — dem theuern jungen Bruder, der mich damals so herzlich geliebt hat.""

„Zum T—!" — rief der Alte aus, wandte sich dann rasch ab und schien dasjenige mit Gewalt zu verschlucken, was noch auf seiner Zunge schwebte. Dann rannte er zum Fenster, öffnete dasselbe, schaute in den Hof und sagte: „Haben Sie den Lärmen nicht gehört? Es muß sich etwas in der Nachbarschaft ereignet haben!"

Ich blickte ebenfalls hinaus, konnte aber nichts bemerken. „Ich habe nichts gehört" — sagte ich; „Du hast Dich geirrt."

„Es ist möglich," versetzte er verlegen. „Ich glaubte, ich hörte einen Fall unter dem Fenster."

„Wahrscheinlich hat Jemand eine Thüre zugeschlagen — sonst war es nichts."

Er summte etwas vor sich hin und schien endlich auf seine Entfernung denken zu wollen — spät genug, wie mir vorkam. Unsere Unterredung hatte mir lange genug gedauert.

„Wohlan," sagte er, indem er sich zur Thüre wandte,

„was soll nun geschehen? Wollen Sie mich zum Bedienten annehmen oder nicht?"

„Nach Allem, was ich Dir von meinen Umständen mitgetheilt habe," antwortete ich unwillig, „kann ich kaum begreifen, wie Du mir diese Frage wiederholen kannst. Entweder ist in deinem Hirnkasten nicht alles in Ordnung oder Du bist ein spottsüchtiger, bösartiger, alter Vagabund. Du hast Dich hier in die Privatwohnung meines Freundes eingedrängt und mich mit einer Menge neugieriger und unverschämter Fragen überrascht, von denen ich Dir keine einzige hätte beantworten sollen. Nun wünsche ich aber, daß Du Dich unverweilt entfernest, oder ich lasse Dich durch den Hausdiener vor die Thüre setzen?"

Der Alte nahm seinen abgeschabten Hut, der mit einer schmutzigen, verblichenen Krämpe und Kokarde geziert und gerade von derjenigen Art und Façon war, wie sie von heruntergekommenen Vagabunden getragen werden, die seit Jahr und Tag in keinem Platze gewesen sind und bei ihrem letzten Herrn die Livree gestohlen haben. Er empfahl sich mit einer tiefen Verbeugung und ich war froh, als die Thüre sich hinter ihm zuschloß.

Sobald der Examinator, den ich unter seinem eigenen Namen, Moore, nun einführen will, zurückgekehrt war, erzählte ich ihm die sonderbare Zusammenkunft und Conversation, welche ich in seiner Abwesenheit mit dem aufdringlichen Alten gehabt hatte. Er hörte mich mit erstaunter Miene an und sagte, er finde die Sache räthselhaft und könne nicht klug daraus werden; sonst war er wortkarg und es lag, wie am Morgen, etwas Gezwungenes in seinem Wesen, das ich mir nicht erklären konnte. Ich wollte mich entfernen, allein er gab es durchaus nicht zu und so blieb ich diesen Tag über noch sein Gast.

Am nächsten Morgen ließ er mich nach dem Frühstücke wieder allein und zu meiner Ueberraschung dauerte es auch nicht lange, so präsentirte sich zum zweiten Male der alte Vagabund von gestern. Als mein regelmäßiger Bedienter überreichte er mir mit einem tiefen Bückling einen eben angekommenen Brief.

„Von wem ist er?" — fragte ich verwundert.

„Nun, junger Herr," antwortete der Alte trocken, „das werden Sie am besten aus dem Briefe selbst ersehen."

„Richtig, aber grob geantwortet," bemerkte ich. „Bleib einen Augenblick; vielleicht muß ich sofort antworten."

Als ich das Schreiben öffnete, las ich folgenden kurzen, aber etwas geheimnißvollen Inhalt: „Ein unbekannter Freund nimmt sich die Freiheit, den Herrn J. Macscampy auf heute Abend präcis sechs Uhr zum Mittagessen in Gresham's Hôtel einzuladen."

„Was soll dies bedeuten?" fragte ich den alten Burschen. „Wer kann dieser unbekannte Freund sein? Wo und von wem hast Du diesen Brief erhalten?"

„Wer der Herr war, weiß ich nicht," erwiederte er. „Er hat ihn mir vor dem Hause gegeben und noch aufgetragen, Ihnen zu sagen, daß, wenn Sie kommen, mit ihm speisen und sich seiner Hand anvertrauen wollen, er Sie unfehlbar von Ihrem blauen Auge kuriren würde."

„Wie soll ich aber in diesem Aufzuge gehen?" rief ich, „und Du weißt, daß dies gegenwärtig meine ganze Garderobe ist!"

„Das thut nichts," erwiederte kaltblütig der Lakai-Veteran. „Meine Livree ist auch nicht mehr neu; man trägt, was man hat. Das Kleid macht nicht den Mann. Ihre Gestalt ist hübsch und so ist Ihr Gesicht, mit einer Ausnahme, die ich Ihnen nicht zu bezeichnen brauche. Der Herr hat sicherlich nicht einen hübschen Anzug, sondern Sie in Ihrem jetzigen Rocke, wenn er auch ein Bischen durchsichtig und fadenscheinig ist, zu Tische geladen. Ich glaube zwar auch, daß es ein eigener Einfall ist und daß Sie in diesem Aufzuge nicht von Vielen eingeladen werden würden. Allein ich meine, Sie sollten schon der Neuheit der Sache wegen das freundliche Entgegenkommen nicht zurückweisen. Wahrscheinlich sind Sie, seit Sie in diesem Kostüme erscheinen, nicht mit Einladungen zu Mahlzeiten und Gesellschaften überlaufen worden. Vielleicht tritt damit ein Wendepunkt in Ihrem Geschicke ein!"

Sonderbare Gedanken stiegen in mir auf. Für einen Jeden, dachte ich bei mir, gibt es Wendepunkte im menschlichen Leben, zum Glücke oder zum Unglücke. Schlimmeres in Bezug auf äußere Verhältnisse — Schuld und Verbrechen abgerechnet — kann mir aber nichts widerfahren. Wenn ich wirklich an einem **Wendepunkt** stehe, so muß es der Wendepunkt zu meinem Glücke sein.

„Wohlan," entgegnete ich nach einiger Ueberlegung; „da Du entschlossen scheinst, mir Dienste zu erweisen und ein besonderes Interesse an meinem Schicksale nimmst, so sage dem unbekannten Herrn, ich lasse schönstens für die gütige Einladung danken und werde mir erlauben, mich um sechs Uhr bei ihm einzufinden. Doch sei so gut und sage ihm, wenn Du kannst, irgend etwas zur Entschuldigung meiner mangelhaften Garderobe!"

„Zum T—!" rief er, „ich kann keine Lügen erfinden."

„Das thut mir Leid; doch glaub' ich es kaum, Alter. Es wird keine leichte Aufgabe für mich sein, so wie ich bin, in fremder Gesellschaft zu erscheinen."

„Nun, ich will versuchen, für Sie zu thun, was mir möglich ist," sagte er, indem er zur Thüre ging. „Vergessen Sie nicht, um sechs Uhr; fassen Sie sich ein Herz und gehen Sie getrost zu Ihrem unbekannten Freunde."

In der reichhaltigen Bibliothek des Herrn Moore verflossen mir die Stunden rasch, obschon mein Herz bei dem Gedanken an die eigenthümliche Einladung auf heute Abend vor banger Ungeduld und Erwartung klopfte. Die sechste Stunde des Nachmittags näherte sich und der Examinator war noch nicht zurückgekommen. Ich schellte und erfuhr von dem Diener, daß mein Freund wahrscheinlich erst spät Abends zurückkehren werde. Es war mir ärgerlich, daß ich mich nicht mit ihm über den Schritt berathen konnte, den ich zu thun im Begriffe war. Ich verließ endlich das Haus mit der unangenehmen, widerwärtigen Empfindung, welche jeder schlechtgekleidete Mann von Erziehung hat, daß alle Augen auf ihn gerichtet seien und Jedermann von der Schäbigkeit und den Blößen seines Anzugs Notiz nehme. Ich eilte schnell durch die frequente Malborough-Straße, schwenkte dann in das finstere Gäßchen Gregg's-lane ab und kam bei Gresham's Hôtel an. Jetzt fiel mir erst ein, daß ich sonderbarer Weise vergessen hatte, nach dem Namen des Herrn zu fragen, der mich zu Tische geladen. In der ersten Ueberraschung hatte ich nicht daran gedacht und nachher ließ sich mein Alter, mein aufgedrungener Bedienter, nicht mehr blicken. Die Folge war, daß man mir den Einlaß in das Hôtel verweigerte. Ich sagte dem Portier und zwei oder drei Kellnern, welche herbeikamen, daß ich von einem Herrn zu Tische geladen sei, der in dem Hôtel logire. Sie fragten nach dem Namen, den ich nicht kannte, betrachteten meine zerlumpte Kleidung und mein blaues Auge und waren im Begriffe, nach der Polizei zu schicken, da sie mich für einen halbbetrunkenen Bummler oder Schmarotzer und Betrüger hielten, der sich in anständige Gesellschaft eindrängen wollte. Zum Glücke trat in diesem Augenblicke Herr Moore, der Examinator, in die Halle und klärte das unerfreuliche Mißverständniß auf. Mein Freund führte mich in den ersten Stock und wir traten in einen kleinen Saal, in welchem vier oder fünf fremde Herren versammelt waren. Ich glaubte, es walte ein Irrthum ob, und wollte mich mit einer verwirrten Entschuldigung beschämt zurückziehen. Allein der Examinator nannte meinen Namen und führte mich bei ihnen ein. Wie wuchs aber mein Erstaunen, als sie Alle auf mich zukamen, mir die Hände schüttelten, bis sie mich schmerzten, und mich ihrer aufrichtigen Freundschaft versicherten!

Wenige Augenblicke später trat ein Herr mit einer Dame am Arme in den Saal und führte sie auf mich zu. Gütiger Himmel, wer beschreibt meine frohe Überraschung, als ich in derselben meine Mutter erkannte! Dies war jedoch nicht Alles; noch größere Wunderdinge erwarteten mich. Ihr Begleiter war Niemand anders als der alte Lakai, der sich mir so zudringlich als Kammerdiener angeboten hatte. Auf seinem Gesichte schwebte ein sarkastisches, aber doch gutmüthiges Lächeln, als sie beide auf mich zutraten und mich begrüßten. Jetzt fiel mir auch die besondere Ähnlichkeit in ihren Zügen auf und ich konnte nicht mehr lange im Zweifel bleiben — der Alte, welcher die Bedientenrolle gespielt, war Niemand anders als der Bruder meiner Mutter, mein Onkel, der Millionär, dessen Herz sich gewendet hatte.

Meine Mutter umarmte mich unter Freudenthränen. „Dieser Herr ist dein Onkel, Joseph — mein lieber Bruder!" rief sie voll Wonne aus. „Umarme ihn, mein Sohn! Er ist uns wieder geschenkt!"

„Wir kennen uns bereits, nicht wahr, junger Herr?" sagte lachend mein Kammerdiener von heute Morgen. „Obschon wir erst gestern näher bekannt geworden sind, so haben wir doch in wenigen Stunden viel von einander erfahren und sind ziemlich vertraut geworden. — Komm' her, Neffe, gib mir die Hand und umarme deinen Onkel. Wenn Du gestern auch nahe daran warst, mich aus deinem Zimmer hinauszujagen, so werde ich heute nicht so grausam gegen Dich sein. Komm' jetzt aber, liebe Schwester, und Sie, meine Herren, das Essen wartet auf uns!"

Wir setzten uns zu einem luxuriösen Mahle nieder. Köstliche Weine sprudelten in den Pokalen und erschlossen die Herzen zur heitersten Fröhlichkeit. Mein Onkel schien sich um zwanzig Jahre zu verjüngen und floß über von muntern Scherzen und Anekdoten aus der Jugendzeit, als er noch mit meiner Mutter im Garten und Hühnerhofe Versteckens gespielt und die Buben der Nachbarschaft geprügelt hatte, wenn sie seinem Schwesterchen etwas zu Leide thun wollten. Er schwamm in Freude und Wonne bei der Erzählung dieser Jugenderinnerungen in Gegenwart der stets geliebten, aber wegen ihrer unüberlegten Heirath so lange von ihm getrennten Schwester, welche, da er keine Familie besaß, nebst mir seine einzige noch lebende Blutsverwandte war.

„Ja," rief er aus, nachdem er wieder einen Strauß erzählt, den er mit Ned O'Brien, dem ersten Verehrer meiner Mutter, gehabt, weil er auf ihn eifersüchtig war und ihn nicht in das Haus kommen lassen wollte — „ja, als tapferer Ritter habe ich damals Johanna, — die Dame, die ich liebte," — vertheidiget und in meinen Kämpfen für sie oft ein blaues Auge davon getragen. — Ach, da fällt mir ein, Herr Hanly, daß noch ein kleines Geschäft auf uns wartet, welches wir ebenso gut gleich abmachen könnten, da wir mit dem Essen fertig sind. Legen Sie uns doch die Papiere vor, welche sie in Bereitschaft haben, Herr Anwalt; ich muß den jungen Mann sobald als möglich von dem blauen Auge kuriren, welches ihm die Welt gegeben hat und wegen dessen sie ihn verfolgt."

Herr Hanly, einer der ersten Advokaten Dublin's, öffnete seine Schreibmappe und brachte mehrere Dokumente zum Vorschein, deren Inhalt, um es kurz zu sagen, dahin ging, daß mein Onkel mir, der damals in Lumpen als ein Bettler umherzuwandern gezwungen war, eine Schenkung von dreißigtausend Pfund Sterling Vermögen nebst einer regelmäßigen weiteren Jahresrente von dreitausend Pfund machte. Die Dokumente waren bereits ausgefertigt und unterschrieben, das Geld lag schon zum Theil in der Bank von Irland, zum Theil waren Werthpapiere dort auf meinen Namen übertragen und das Jahreseinkommen in unveräußerlichem Landeigenthum für mich und meine Nachkommenschaft nach den Gesetzen des Landes auf ewige Zeiten gesichert.

Dies war zuviel des Glücks auf ein Mal! Ich erhob mich, um meinem Onkel um den Hals zu fallen — allein es ging Alles mit mir im Kreise herum und ich sank ohnmächtig zu Boden. Ich machte die Erfahrung, daß unverhofftes, außerordentliches Glück ebenso sehr uns arme Sterbliche betäubt als unerwartetes Unglück. Meine Ohnmacht dauerte nur kurze Zeit. Als ich zum Bewußtsein zurückkehrte, stand meine Mutter neben mir und weinte Thränen der Wonne, während mein Onkel meine Hand in der seinigen hielt und sie sanft drückte.

4.

Mehrere Tage flossen dahin, ehe ich mich völlig dem Delirium zu entreißen vermochte, welches mich seit jenem merkwürdigen Abende, dem Wendepunkt meines Geschicks, erfüllte. Ich schwebte zwischen Wachen und Träumen und wußte kaum, ob ich meinen Sinnen trauen und mein Glück für möglich halten konnte. Es ist jedoch eine so angenehme Empfindung damit verbunden, die Nächte hindurch von der ausgestandenen bittern Noth, von dem trüben Mißgeschick der Vergangenheit zu träumen und am Morgen zu dem Bewußtsein des Wohlstandes, der Wohlhabenheit und einer sorgenlosen Zukunft zu erwachen —

„Zur frohen Gewißheit des strahlenden Glücks" —

daß ich mich ganz diesen Träumereien hingab und gerne den Taumel der Freude festgehalten hätte. Doch die nüchterne Wirklichkeit machte sich bald geltend, das Leben brachte seine Ansprüche, deren Befriedigung mir nun aber zur Lust gereichte.

Meine erste Aufgabe war, daß ich meine zerrissene und zersetzte Kleidung ablegte, sie einem Bettler schenkte und mich elegant und nach neuestem Geschmacke kleidete. Ich erfüllte damit den ersten Wunsch meines Onkels, der unter einer anscheinend rauhen Hülle ein treffliches

Herz verbarg. „Es ist kaum zweifelhaft," sagte mir der wohlerfahrene Mann, „daß die Zeitungen begierig die interessante, romantisch=klingende Episode deines Lebens, welche bereits in das Publikum gedrungen ist, mittheilen und überall ausposaunen werden. Wenn uns dies auch nicht ganz willkommen ist, so hat es doch die angenehme Folge, daß die Welt plötzlich Dich von deinem Geburts= fehler, dem blauen Auge, kurirt finden wird, so bald sie weiß, daß Du ein unabhängiger, wohlhabender Mann geworden bist. Als Solcher mußt Du Dich nun zeigen. Ich werde Dir eine Equipage kaufen und Du mußt Dir in einem der vornehmsten Quartiere ein Haus miethen oder als dein Eigenthum erwerben. — Glaube übrigens nicht, Neffe, daß ich Dich nicht schon seit längerer Zeit habe beobachten und überwachen lassen. Dein Freund Moore, der Examinator, und ich haben mehr Briefe wegen Deiner gewechselt, als Du Dir vielleicht träumen läffest. Er ist ein kreuzbraver, würdiger Mann und jedenfalls einer deiner treuesten und besten Freunde, dem Du zu großem Danke verpflichtet bist. Wenn er nur keinen so starken Tabak schnupfen würde!" setzte er hinzu, indem er in ein schallendes Gelächter ausbrach, in das ich herzlich einstimmte.

„Ich habe damals wirklich Angst gehabt, Sie möchten sich ein Blutgefäß zersprengen," versetzte ich.

Nachdem er in der ihm eigenthümlichen Weise län= gere Zeit sich geräuspert hatte, fuhr er fort: „Nenne mich nur immer Du, wie Du zu mir gesprochen hast, bei unserer ersten Unterhaltung, Neffe. Im Weiteren versteht es sich von selbst, daß deine Mutter bei Dir leben wird. Ich werde stets euer Gast sein, wenn ich nach Dublin komme. Gott möge mir die Sünde ver= geben, daß ich sie und Dich, meine letzten Anverwandten, so lange vernachlässigen konnte und Euch Kummer und Noth leiden ließ. Nun, ich will gut machen, was sich gut machen läßt, und habe jetzt nur noch eine Bitte an

Dich: Lebe wie es einem Gentleman, einem Manne in deinen gegenwärtigen Verhältnissen, geziemt, aber werde nicht übermüthig! Beherrsche Dich im Glück wie im Unglück. Und nun lebe wohl — auf baldiges Wiedersehen!"

Wir umarmten uns mit Thränen der Freude in den Augen. Er schied, da ihn dringende Geschäfte nach dem Norden Irlands abriefen und versprach mir und meiner Mutter, daß er in wenigen Wochen zu uns zurückkehren und dann längere Zeit bei uns bleiben werde.

O Welt! Welt! — Du Tyrann der Armen und Nothleidenden — du niedriger, sklavischer Speichellecker der Großen und Reichen! — Wie habe ich dich verachtet vor meinem Glücke und wie muß ich dich doppelt verachten, seit mir Fortuna gelächelt hat!

Meines Onkels Voraussagung traf richtig ein. Kaum war es bekannt geworden, kaum hatte die tausendzüngige Fama die wundervolle Nachricht nach allen Seiten hin getragen: „der arme Schlucker mit dem blauen Auge sei ein reicher Mann geworden, ja er sei der präsumtive Erbe noch größeren Reichthums" — da schaute mich die Welt plötzlich mit ganz andern Augen an; da verschwand mein blaues Auge — es wurde völlig unsichtbar — sogar die Erinnerung an dasselbe erlosch in allen Gemüthern. — Ich lebte nun auf vornehmem Fuße, hielt Pferde und Wagen, gab Gesellschaften, besuchte Theater und Conzerte, zeigte mich wohlthätig gegen die Armen und freigebig bei allen öffentlichen Gelegenheiten.

Bald war ich der Held oder wenigstens der Löwe des Tages. Die vornehme Gesellschaft — und in ihrem Gefolge der Schwarm vornehmer Bettler, Schmarotzer und Speichellecker drängten sich zu mir. Einladungen zu Gesellschaften häuften sich auf meinem Tische. Bei den Schmausereien der großen Welt wurden mir ewige Freundschaften zugeschworen von Herren, herausfordernde Blicke zugeworfen von Damen, welche mir vor wenigen Wochen von ihren Lakaien die Thüre hätten weisen lassen, wenn ich sie in der äußersten Noth um einen Schilling angesprochen hätte. Aber dreißigtausend Pfund Vermögen, dreitausend Pfund Rente und — eine wahrscheinliche Erbschaft von einer Million — das war freilich eine schwere goldene Decke auf mein dunkelberändertes Auge, unter welcher es Niemand mehr zu erblicken vermochte. Mein Onkel hatte vollkommen Recht. Die scharfen Argus-Augen der Welt, welche früher sich mit so unverschämten und durchbohrenden Blicken auf mich und den unverzeihlichen und unentschuldbaren schwarzen Flecken meiner Geburt geheftet hatten, waren nun am hellen Tage mit der Blindheit der Nachtvögel geschlagen. Die blaue Schattirung war kein Makel, kein Brandmal mehr; sie erschien jetzt als ein merkwürdiges Spiel der Natur oder als ein Schönheitsflecken, den ich, auf den Rath meines treuen Freundes Moore, allen Aufforderungen des Haarkünstlers Fuchs (dessen frühere wohlgemeinten, wenn auch erfolglosen Anstrengungen ich nun gebührend zu belohnen Gelegenheit fand) zum Trotz, mit keiner Fleischfarbe mehr zu bedecken oder sonst zu verhüllen suchte. Nun, da mir das Urtheil der Welt günstig wurde, war ich um so mehr veranlaßt, dasselbe von Herzensgrund aus zu verachten.

Obschon meine Mutter von ihrer Krankheit wieder hergestellt war, so befand sie sich doch immer noch etwas leidend, aber es gereichte mir zur innigsten Befriedigung, ihr die geschickteste Behandlung und sorgsamste Pflege zu verschaffen, unter welcher sie sich langsam erholte und zu neuer Lebenskraft erwachte. Ebenso machte es mir großes Vergnügen, mich an den wackern Moore und die wenigen Freunde fest anzuschließen, ihre treue und uneigennützige Freundschaft mit warmer Dankbarkeit zu erwiedern und sie bei Gelegenheit vor all' den perfiden, vornehmen Schmeichlern und Anbetern des Glücks auszuzeichnen, welche mich in den Tagen der Noth nicht gekannt hatten und nicht hatten kennen wollen.

Wenn ich auf diese Weise mich über das Urtheil der Welt zu erheben und mein Glück mit Mäßigkeit und ruhiger Überlegung zu genießen strebte, so wird mir der geneigte Leser nicht verdenken, wenn ich mich nicht enthalten konnte, bisweilen auf meine eigene Art Rache an Solchen zu üben, die noch vor wenigen Wochen den Nothleidenden nicht nur mitleidslos abgewiesen, sondern mit Hohn und Geringschätzung von sich gestoßen hatten. Zu diesen gehörten besonders die Vorsteher der frömmelnden Genossenschaften, von denen ich eine mildere Behandlung als von Seiten der übrigen Welt erwartet hatte. So sehr aber auch meine Hoffnungen in diesem Punkte getäuscht worden waren, so wenig verrechnete ich mich in den Erwartungen, die ich an die Ausführung meines neuen Planes knüpfte. Sie dienten mir zur werthvollen Bereicherung meiner Lebenserfahrungen.

Der Leser wird sich erinnern, daß ich einem Bischofe der englischen Hochkirche meine Aufwartung machte, um mich ihm als ein verirrtes Schaf vorzustellen, das in seine Heerde aufgenommen zu werden wünsche, und daß mich Se. Excellenz, nach einem scharfen, gestrengen Blicke in mein Gesicht, ohne viele Ceremonien als ein Aufschneider und Betrüger behandelte und fortwies. Ihm gebührte die Ehre meines ersten Besuchs, den ich natürlich dieses Mal in elegantestem Anzuge und in meiner Karrosse machte. Der anglikanische Bischof empfing mich mit außerordentlicher Höflichkeit und fragte, was ihm die Ehre meines Besuchs verschaffe. Ich rief ihm meinen früheren Besuch in's Gedächtniß zurück, sowie den Zweck desselben und den Grund, warum er damals meine Anerbietung zurückgewiesen, indem ich absichtlich alle Einzelnheiten unserer Unterhaltung wiederholte.

„O, mein Sohn!" sagte er, „ich kann mich unseres Gespräches erinnern, aber wenn Sie damals ein blaues Auge hatten, so haben Sie jetzt keines mehr."

„Sonderbar!" bemerkte ich. „Immerhin, wenn ich

damals ein Büssender war, so erscheine ich jetzt nicht mehr als solcher. Mein Gesicht ist ganz das gleiche, wie bei meinem früheren Besuche. Doch lassen wir das, Excellenz! Betrachten Sie mich genau, Mylord, und sagen Sie mir gefälligst, habe ich wirklich ein blaues Auge oder habe ich keines mehr?"

„Mein lieber, junger Freund," sagte er mit salbungsvoller Ruhe, „ich kann wirklich nichts bemerken. Soviel ich sehen kann," — fuhr er fort, indem er seine Augen zu Boden schlug, — „ist nicht der kleinste Schatten auf Ihrem Angesichte zu entdecken."

„Sehr gut, Excellenz," erwiederte ich; „wollen Sie hier fünfzig Pfund Sterling in Empfang nehmen und unter Ihre Armen austheilen?"

„Ich danke Ihnen von Herzen," sagte er mit einer Verbeugung; „unter welchem Namen soll ich die großmüthige Gabe eintragen?"

„O, Excellenz, einfach unter der Bezeichnung: „„Der Mann mit dem blauen Auge.""

„Nochmals meinen besten Dank, werther Herr Macscampy. Mancher Mund wird hiefür den Segen des Himmels auf Ihr Haupt herabrufen. — Doch lassen Sie uns von einem wichtigeren Gegenstande sprechen. Ich hoffe, Sie haben Ihre fromme Absicht, sich unserer Kirche anzuschliessen, nicht aufgegeben. Sie wissen wahrscheinlich, wie groß die Zahl der Gebildeten und Vornehmen, ja selbst der Geistlichen anderer Confessionen — Männer von Geburt, Reichthum und Wissenschaft — ist, welche sich der englischen Hochkirche angeschlossen haben."

Das weltliche Element trat wieder so stark hervor, die Absicht war wieder so leicht zu merken, daß ich mich verstimmt abwandte, mir Zeit zur Ueberlegung vorbehielt und mich rasch verabschiedete.

Meine zweite offizielle Visite in der eleganten, neuen Equipage führte mich vor das Haus des Methodistenpredigers, an den ich mich in der Zeit der Noth — als ich noch das blaue Auge trug — mit meinem demüthigen Gesuche gewandt und der einen schönen Spruch der Bibel mißbraucht hatte, um mich ohne Gnade und Barmherzigkeit von sich zu stoßen.

Als mein Wagen vor dem Hause hielt, sah ich ihn rasch an's Fenster treten, um zu entdecken, wer ihm diese seltene Ehre erweise. Bei meinem Eintritt machte er zwei tiefe Bücklinge und schien mich nicht mehr zu kennen.

„Hochwürdiger Herr," fragte ich ihn, „haben Sie mich je gesehen?"

„Wa—ah—rr—lich," antwortete er, ein Bischen überrascht, indem er die Töne langsam und schnarrend in pietistischer Manier durch die lange Nase zog, als wäre sie ein Miniatur=Elephanten=Rüssel, — „wahr—r—r—lich, ich kann mich kaum erinnern; doch — ich glaube, wenn ich Sie recht anschaue, ich habe Sie schon einmal gesehen."

„Ich kam damals," fuhr ich fort, „als ein junger Mann vom „„Geiste der Religion"" ergriffen, um Sie um Aufnahme in Ihre Congregation zu bitten. Sie wiesen mich zurück — meine äußere Erscheinung sprach allerdings gegen mich; allein die Hauptsache, scheint mir, wäre doch der Zustand meiner Seele gewesen und nach diesem haben Sie nicht gefragt."

„O jetzt erinnere ich mich wieder genau Ihres Besuchs und unserer Unterredung," sagte er. „Nun, es freut mich unendlich, Sie wieder bei mir zu sehen. Ich nehme es als eine gute Vorbedeutung an, daß es Ihnen wirklich, wie Sie damals sagten, Ernst ist, sich zu Zion, dem Berge des Heils, zu erheben."

„Ganz richtig, hochwürdiger Herr," erwiederte ich. „Aber ist nicht mein blaues Auge ein großes, ein unübersteigliches Hinderniß?"

„Wa—a—ahrlich" — schnarrte er wieder, indem er mir steif und ernsthaft in's Gesicht sah. „Wa—ahrlich, mein Sohn, ich verstehe nicht, was Sie meinen.

Sie haben hellbraune Augen, nußbraune, wenn Sie wollen — blau ist nichts darin. Aber ich hoffe zu Gott" — fuhr er mit emporgerichteten Blicken salbungsvoll fort — „daß Sie, von seiner Gnade erleuchtet, sich den Bekennern des wahren Evangeliums anschließen und in unserer frommen, christlichen Gemeinde die Erlösung und Rettung Ihrer Seele suchen werden, wie es einem weisen Manne geziemt, der sein Scherflein im Trockenen hat."

„Hier" — sagte ich, indem ich ihm eine Banknote überreichte — „hier sind fünfzig Pfund für die Armen Ihrer Gemeinde."

Der Predikant machte einen ungemein tiefen Bückling und trat einen kleinen Schritt näher. „Innigen, herzlichen Dank für Ihr edelmüthiges Geschenk, verehrter Herr! Und unter welchem Namen soll ich dasselbe der Welt verkünden?"

„Sagen Sie nur, es komme von dem „„Manne mit dem blauen Auge"" — erwiederte ich nicht ohne Bosheit.

Der fromme Mann ließ sich nicht aus der Fassung bringen. „Gott vergelte Ihnen tausendmal, was Sie den Armen thun. Aber warum wählen Sie diese sonderbare Bezeichnung? Sie haben doch kein blaues Auge?"

„Wenn Sie mir nicht versprechen wollen," versetzte ich, „meine Gabe unter dem Namen zu veröffentlichen, den ich Ihnen angegeben habe, so werde ich dieselbe wieder zurückziehen."

„Zweifeln Sie keinen Augenblick, mein werther junger Herr, daß Ihre Wünsche genau erfüllt werden sollen, obschon ich wiederholen muß, daß die Farbe Ihrer Augen ein prächtiges Hellbraun ist. Doch ehe Sie mich verlassen, Verehrtester, denken Sie an Zion und daß unsere Congregation Sie mit offenen Armen aufnehmen wird. Wir gehören zu den wahren primitiven Wesleyanern und stehen in keiner Beziehung und Verbindung mit der abtrünnigen Sekte, welche in der nächsten Straße eine Kapelle hat."

Ich verabschiedete mich ohne viele Complimente, stieg in den Wagen und dachte bei mir: So ist die Welt! — Onkel, du bist ein Philosoph, ein Weltweiser unserer modernen Gesellschaft und nebenbei ein ausgezeichneter Arzt. Du hast mich wa—a—ahrlich völlig von dem blauen Auge kurirt!

Ich befahl dem Kutscher, zu Freund Ebenezer, dem Quäcker, zu fahren. Auch ihm war ich eine kleine Revanche schuldig; und da ich noch übrige fünfzig Pfunde hatte, zögerte ich nicht, meine Schuld zu bezahlen.

Welch' ein angenehmes Gefühl ist es, in einer hübschen Equipage, von muthigen Rennern gezogen, durch die Straßen zu eilen oder in frischer Luft und hellem Sonnenschein durch die Promenaden und Parks zu jagen und zu wissen, daß man der beneidete Eigenthümer von Pferden und Wagen ist und diese Auslage leicht aus seinem Einkommen bestreiten kann! Und um wie viel angenehmer wird die Empfindung noch dadurch, daß sich damit die Erinnerung an frühere Tage verbindet, an welchen man diese Straßen, diese nämlichen Parks und Promenaden mit hungrigem Magen und in Lumpen gehüllt zu Fuße durchwanderte und nicht wußte, wo man am Abend das müde Haupt hinlegen sollte! —

Unter diesen Gedanken kam ich bei dem Hause des Quäckers an. Mein Lakai in glänzender Livree ging zuerst hinein, um mich ihm als einen Herrn anzumelden, der ihn zu sprechen wünsche.

„O! ja wohl!" rief Ebenezer Breitrand, der wohlgenährte Quäcker. „Der Herr möge sich nur zu mir hereinbemühen!"

Ich trat ein und fand Ebenezer zwar höflich, allein weder verlegen, noch kriechend, in Gemäßheit mit den weniger weltlichen Maximen seiner Sekte.

„Freund," fragte er mich, „welche Angelegenheit führt Dich zu einem so geringen Manne, wie ich bin?"

„Kennst Du mich nicht mehr, Ebenezer Breitrand?"

erwiederte ich. „Erinnerst Du Dich nicht eines jungen Mannes, der vor kurzer Zeit Dich besuchte, um sich der Gesellschaft der Freunde anzuschließen, und den Du nicht aufnehmen wolltest, weil er, wie Du sagtest, ein blaues Auge habe?"

„Doch, Freund," antwortete er. „Aber wahrhaftig, jetzt ist dein blaues Auge nahezu verschwunden. Gehört diese Equipage Dir?"

„Ja wohl!" rief ich.

„Wohlan," sagte er; „die „„Gesellschaft der Freunde"" ist nun nicht mehr abgeneigt, Dich in ihren friedlichen Schooß aufzunehmen, wenn Du der junge Mann bist, der durch die Güte seines reichen Onkels zu Wohlstand und Ansehen gelangt ist. Willst Du vielleicht mein Mittagessen Morgen mit mir und einigen meiner Freunde theilen? Du wirst hoffentlich deiner früheren Absicht und Überzeugung treu bleiben und in unsere Gemeinschaft des Friedens eintreten?"

„Ich will es mir überlegen, Freund Ebenezer" — erwiederte ich lächelnd. „Inzwischen empfange hier fünfzig Pfund von jenen Schätzen, welche der Rost frißt und die Motten verzehren, zur Vertheilung unter deine Armen; doch wünsche ich den Empfang in den Blättern angezeigt zu sehen."

„Gut, Freund; unter welchem Namen?" — fragte der Quäcker. „Unter demjenigen des „„Mannes mit dem blauen Auge,"" versetzte ich.

„Nun ja, junger Freund! Es soll geschehen," antwortete Ebenezer, indem er leicht den Kopf schüttelte. „Überlege Dir aber nicht zu lange, ob Du in unsere friedliche Vereinigung treten willst. Bedenke, Freund, bei uns wirst Du nie ein blaues Auge bekommen."

Welche lehrreichen Lebenserfahrungen! dachte ich mir, als ich nach Hause zurückfuhr. Wenn der rabenschwarze Fürst der Finsterniß in höchst eigener Person käme und ihnen Besuch in seiner Equipage machte, um ihnen Geld anzubieten, sie würden ihn nicht nur ganz weiß finden und seine Geschenke mit Dank annehmen, sondern ihn sogar sofort zum Eintritt in ihre Sekte einladen und Lucifer selbst zu bekehren suchen. Ein „armer Teufel" dagegen ist nirgends willkommen. Nun, wir wollen sie nicht zu strenge tadeln. Sind sie nicht auch Kinder der Welt, welcher Reichthum, Ansehen und Gewalt mehr als alles Andere gilt und die jedes blaue Auge bei dem Bedürftigen und Niedrigen zum Verbrechen stempelt, während sie Fortuna's Günstlingen gegenüber völlig blind ist? —

Ich habe wenig oder nichts mehr beizufügen. Dreißigtausend Pfund Vermögen, nebst der Jahresrente von dreitausend Pfund, bewährten sich mir als ein ausgezeichnetes Heilmittel gegen alle Makel und Fehler meiner Geburt und insbesondere gegen mein blaues Auge. Ob es wirklich verschwunden ist, oder ob die scharfblickende Welt nur gegen mich blind geworden? — dieses leichte Räthsel zu errathen, sei und bleibe die Aufgabe des geneigten Lesers. Wer etwas Menschen = und Weltkenntniß besitzt, wird es begreiflich finden, daß, nachdem ich zu irdischen Schätzen gelangt war, mein blaues Auge, ob es Wahrheit oder Dichtung gewesen, der Welt nicht mehr sichtbar bleiben konnte.

Die Welt urtheilt nur nach dem Schein; und wenn auch der Schein trügt, sie urtheilt doch immer darnach.

Auf abschüssiger Bahn.

Erzählung

von

L. A. Ohorn.

Palerisch liegt im Nordosten Böhmens tief im Riesengebirge ein kleines Dörfchen. Die freundlichen zerstreuten Hütten, die kleine Kirche mit dem Gottesacker, die Stille und der tiefe Friede, der über dem Ganzen ruht, scheinen zu sagen, daß hier, fern vom Getöse der Welt, ein harmloses einfaches Völkchen wohne. Die Bewohner sind arm. Der Ackerbau kann bei der unfruchtbaren Bodenbeschaffenheit des Gebirges nur schwach betrieben werden, es gedeiht bloß spärlicher Hafer und an sonnigen Hängen höchstens halb verkümmertes Korn. Dagegen beschäftigt man sich mehr mit der Viehzucht und das Leben auf den Bergen ist nicht ganz unähnlich dem Sennenleben in der Schweiz und in Tirol. — Viele leben von der Weberei, Viele auch vom Schmuggel. Noth ist gar ein bitterer Hebel, sie lehrt wohl beten, aber oft auch sündigen. Die nahe Grenze, das an Schlupfwinkeln so reiche Gebirge begünstigen den Schleichhandel und bei finsterer Nacht, bei schauerlichem Sturm und Unwetter werden auf unbetretenen Pfaden mächtige Päcke der verschiedensten Waaren eingeschwärzt; dabei findet der Schmuggler in jeder Hütte Aufnahme und Schutz.

Einige Schritte abseits von den Häusern des Dorfes auf einem mäßigen Hügel erhebt sich eine altersgraue Windmühle. Lange wohl feiern schon die mächtigen Flügelspeichen und nur wenn der Sturm wie neckend in ihnen durchfährt, da knarren und ächzen sie und bewegen sich leise, als wollten sie aus ihrer langen Ruhe zu neuem Leben sich aufraffen. Eine niedrige Mauer umgibt das kleine thurmähnliche Gebäude, das wie ein Mahner aus längstvergangener Zeit über die Hütten zu seinen Füßen hinschaut. Etwa dreißig Schritte davon entfernt an dem Abhange des Hügels steht die Wohnung des Windmüllers oder, wie er in der ganzen Gegend hieß, des Bergmüllers. Es war eines der ansehnlichsten Häuser des Dorfes mit einem steinernen Unterbau.

Der Bergmüller war ein rauher, abstoßender Mann. Sein Weib war frühe gestorben, ohne ihm ein Kind zu hinterlassen, und so lebte er mit einer alten Magd und einem Hirten in dem Hause am Hügel. Er galt als reich, dabei aber als sehr geizig; deßhalb liebte man ihn im Dorfe nicht und sah ihn auch selten.

Es war ein Abend im Spätsommer, ein grauer, kühler Abend, als sich in der großen Stube im Erdgeschosse des „Mühlhauses" zwei Männer befanden. Der Eine war eine große kräftige Gestalt mit scharfmarkirten Zügen, mit unheimlich lauerndem Auge und grauem Haar und saß am Tische und rauchte. Er trug Lederhosen, blauwollene Strümpfe, Schuhe und eine kurze Jacke; es ist der Bergmüller. Der Andere, ein junger Mann mit bleichem Gesicht, ebenfalls in die hier übliche Tracht gekleidet, stand vor ihm und stützte die eine Hand auf den Tisch, während die andere, wie vor Erregung zusammengeballt, hinabhing.

„Und ich sage Euch zum letzten Male, daß ich mein Geld haben muß," sprach der Alte mit rauher Stimme, „sonst wird das Haus geräumt!"

„Aber bedenkt, Bergmüller, meine alte Mutter wohnt nun so lange in dem Hause, dazu ist sie immer kränklich; Ihr werdet sie nicht hinausstoßen!" — Der junge Mann suchte sich offenbar zu beherrschen.

„Das ist die alte Leier, wie immer; ich will mein Geld und damit Punktum!"

Das Auge des bleichen jungen Mannes blitzte, seine Hand krampfte sich stärker zusammen, seine Brust hob und senkte sich schwer, er schien mit sich zu kämpfen.

Der Bergmüller war aufgestanden und schritt schweigend in der Stube auf und ab; dann blieb er vor dem Andern stehen: „Damit Ihr nicht sagt, daß ich hart sei, so will ich noch acht Tage warten, länger aber keine Stunde; könnt Ihr bis dahin die Hälfte des Geldes schaffen, ist's gut, wenn nicht, so lasse ich Euch und eure Mutter aus dem Hause werfen!"

Der junge Mann war noch bleicher geworden. „Ich werde es schaffen!" preßte er beinahe tonlos hervor; dann eilte er ohne weitern Gruß hinaus, er mußte Luft haben, da drinnen erdrückte es ihn. Mit höhnischem Lächeln sah ihm der Müller nach. Jener aber eilte rasch einem kleinen Häuschen zu, das in geringer Entfernung vom Hause des Windmüllers stand. Er trat in die niedrige Stube und warf den Hut auf den Tisch; eine alte Frau mit freundlichen, aber krankhaften Zügen erhob sich bei seinem Eintritt.

„Er war wieder hart!" sprach der junge Mann

erregt; „das Geld will er haben, oder" — Er sprach nicht aus und mit großen Schritten durchmaß er den Raum der Stube, während ihm das Auge der Mutter mit liebevoll schmerzlichem Ausdruck nachsah.

„Ich habe ihm gesagt, ich will ihm gerne Alles bezahlen, nur nicht jetzt; ich will ja barben und mich mühen, um die sechzig Gulden, die mein seliger Vater in einer unglücklichen Stunde von dem Geizhals lieh, zurückzuzahlen; er will nicht warten, in acht Tagen verlangt er die Hälfte, sonst stößt er uns hinaus aus der heimischen Hütte."

Wieder eilte er auf und nieder, dann stand er beim Fenster still und preßte den glühenden Kopf an die Scheiben.

„Sei getrost, mein Franz! Unser Herrgott wird uns nicht verlassen, wenn wir auf ihn vertrauen; bezahlen können wir nicht, so müssen wir fort, wir werden wohl ein Unterkommen finden."

„Nein, Ihr sollt nicht fort von hier aus dem väterlichen Hause, ich werde zahlen!" — Er hatte das blasse Gesicht herumgewendet, seine Stimme klang fest.

„Ich werde zahlen!" Er sagte es noch einmal, als wollte er sich an seinen eigenen Worten kräftigen.

Die alte Frau sah ihn befremdet an. „Herr, führe uns nicht in Versuchung! Franz, Du sinnst auf Ungerechtes!" sagte sie bittend.

„Nein, Mutter!" — Seine Stimme zitterte.

„Um Gottes willen, Franz, lieber Hunger leiden und unter freiem Himmel wohnen, als mit Sündengeld das Häuschen erhalten; woher willst Du das Geld nehmen, um der heiligen Mutter willen, woher?" — Sie faltete die Hände. Ueber das Gesicht des Sohnes ging ein leises Zucken: „Hinab will ich gehen in die Ebene, ich kenne da manchen vermögenden, braven Mann, der es mir wohl leihen dürfte."

Er hatte Mühe, den Blick der Mutter auszuhalten,

der prüfend und mißtrauisch auf ihm lag: „Nein, Franz, Du kannst nichts Unrechtes thun, Du hast ja immer Gott vor Augen gehabt, ich vertraue Dir!"

„Ich danke, Mutter!" Mehr brachte er nicht hervor, es entstand eine kleine Pause.

„Ich mache mich sogleich auf; sorgt nicht um mich; in drei bis vier Tagen bin ich wieder bei Euch." — Er ergriff den Hut, küßte sie. — „Behüt Euch Gott, Mutter!" — und ehe sie ihn noch zurückhalten konnte, fiel die Thüre hinter ihm zu.

Franz eilte rasch durch das Dorf hinab. Er war froh, daß er aus dem Häuschen war, denn er hätte der alten Mutter nicht mehr lang in's Auge sehen können, er hatte sie ja belogen, das erste Mal vielleicht in seinem Leben. Der Abend war rauh. Düstre Wolken hingen am Himmel und der Wind strich kühl durch das Dorf. Am letzten Häuschen stand Franz still. Es war eine kleine halbzerfallene Hütte, die bei dem heftiger wehenden Winde in allen Fugen krachte und den Einsturz drohte. In derselben wohnte ein Mann, gewöhnlich Ling=Hans genannt, welcher in der ganzen Gegend als der geschick=teste und verwegenste Pascher bekannt war.

Hier klopfte Franz an, er erhielt keine Antwort; erst als er noch einmal stärker klopfte, fragte eine barsche Stimme von innen: „Wer ist draußen?"

„Mach' auf, Hans, ich bin es, der Weber=Franz."

„Was Teufel! Ich komme schon." — Der schwere Tritt eines Mannes erdröhnte auf der Hausflur, der Riegel ward zurückgeschoben, die Thüre öffnete sich.

„Was führt denn Dich in meine Hütte, Franz? Komm herein, hier zwischen Thür und Angel spricht sich's nicht eben gut." — Sie traten in die Stube und Ling=Hans schlug Licht. Er war eine kräftige gedrungene Gestalt mit breiter Brust und breiter Schulter, auf welcher ein massiver Kopf ruhte mit kleinen blitzenden grauen Augen, die aber dem gutmüthigen Gesichte keinen Ein=

trag thaten; die ganze Gestalt hatte das Gepräge abge=
härteter Kraft und eisernen Willens.

„Aber wie schaust denn Du aus? Du bist ja blaß
wie die Wand? Was fehlt Dir?"

„Was gewinnst Du bei dem heutigen Schmuggel?"
stieß der Gefragte hastig hervor.

„Heute gehe ich nicht auf den Schleichhandel!" Der
Pascher fixirte Franz scharf und redete in kaltem gleich=
giltigen Tone.

„Weßhalb leugnest Du mir gegenüber? Glaubst Du,
ich will es den „Grünen" verrathen? — Ich frage aus
andern Gründen; ihr braucht noch einen oder zwei Männer,
der Kräuter=Sepp hat es mir gesagt, nehmt mich mit!"

„Du? — Du?" — Der Pascher starrte ihn groß an.
„Hm, wie kommst Du auf den Gedanken? Sieh hinaus,
wie Sturm und Wetter heute drohen; droben auf den
Bergkämmen ist es noch heftiger, Du bist es nicht ge=
wohnt, es ist kein Kinderspiel!"

„Ich weiß es und weiß auch, warum ich es fordere;
wollt ihr mich mitnehmen und was trägt es ein?" Er
fragte hastig in drängendem Ton, der jede Einwendung
zurückwies.

„Nun, mir ist es gleichgiltig, wen wir noch mit
haben! Doch setze Dich und erzähle, was Dir auf ein=
mal in deine fünf Sinne gefahren ist."

Beide setzten sich auf die knackenden Stühle, die um
den morschen Tisch standen, und Franz schilderte mit ein=
fachen Worten seine Lage.

Der Pascher starrte ihn treuherzig an. „Du bist eine
gute, edle Seele, Franz! Könnte ich Dir helfen, ich
würde es gern thun, ohne daß Du Dich auf den heu=
tigen Handel einlassen müßtest." Er reichte ihm die
Hand. „Der heutige Handel trägt, hoch gerechnet, Jedem
fünfzehn Gulden."

„Fünfzehn Gulden!" wiederholte Franz; — „es reicht
nicht hin." — Sein Kopf senkte sich traurig.

„Laß Dir das keine Sorgen machen, ich lege das Fehlende dazu." Franz blickte zweifelnd auf, aber der Pascher sah ihn so redlich an, daß er einschlagen mußte in die dargebotene Hand.

„Ich danke Dir, Hans, vielleicht kann ich es Dir einmal vergelten, was Du an meiner alten Mutter thust."

„Laß das mit der Vergeltung, es muß nicht Alles vergolten sein!" —

Sie sprachen von dem Vorhaben der heutigen Nacht leise und still, nachdem Hans noch zur Vorsicht die Fensterläden geschlossen hatte, und damit der Sturm die alten Fenster nicht zertrümmere. Es war neun auf der geschwärzten großen Wanduhr. „Noch drei volle Stunden," sagte Ling-Hans; „Du kannst noch schlafen, ich wecke Dich zur Zeit; beine Kräfte vertragen es sonst nicht."

Er drängte ihn zu seinem Lager, auf welches Franz hinsank und lange vergeblich einzuschlafen versuchte. Der Pascher schritt sinnend auf und ab, in ernste Gedanken versunken; die Kindesliebe des Franz rührte ihn. Der wollte eine gefahrvolle Bahn betreten, um seiner Mutter das Häuschen zu retten, an dem sie mit Liebe hing. Es überkam den Pascher, als sollte er den Jüngling zurückhalten, ihn abmahnen von dieser Bahn, und gerade heute war ihm selbst so bange. Er hatte oft schon den Weg gemacht über das Gebirge und nie hatten sich ihm Besorgnisse aufgedrängt vom Nichtgelingen, wie heute, da der einzige Sohn der armen braven Mutter sich ihm anschloß, da dessen Schicksal gleichsam auf ihm lag; ihm war zu Muthe, als müsse er einstehen für den Jüngling, der zum ersten Male diese rauhe Bahn betrat. Wenn man ihnen auflauerte, wenn Franz, das einzige Kind der Armen, gefangen, wenn er gar getödtet würde — er konnte es nicht weiter denken.

Die Uhr schlug elf. Wie verrann doch die Zeit so langsam! Er nahm zwei lange Pistolen aus einem alten Schrank, der in einer Ecke des Zimmers stand — sie waren geladen. Gedankenlos zog er den Hahn auf und senkte ihn leise wieder nieder; es war ihm, als müßte er sie heute öfter untersuchen — sollten sie vielleicht gebraucht werden? Er legte die Waffen auf den Tisch und trat an das Lager, um Franz zu wecken; es war ihm beinahe unheimlich in der niedern Stube, denn der Wind schlug an die Läden, daß die Scheiben klirrten und die schlecht verwahrte Thür knarrte. Franz lag ruhig — er schlief. Den Pascher überlief ein gelinder Schauer. Der Jüngling schlief sorglos, ein milder Friede lag über den blassen Zügen und kein Gedanke von Gefahr zog wohl durch den Traum des armen Schläfers. Hans getraute sich nicht, ihn zu wecken; noch einigemale ging er mit gedämpftem Schritt in der kleinen Stube auf und nieder, noch einmal hielt er die geladenen Waffen prüfend in der Hand, da schlug es drei Viertel auf der alten Uhr — drei Viertel auf zwölf — nun mußte es sein. Leise rüttelte er den Schlafenden: „Es ist Zeit, stehe auf!" —

Franz war aufgesprungen, er sah um sich, unwissend einen Augenblick, wo er sich befand, aber er sprach nicht.

„Hier nimm diesen Stock und das Pistol!" —

„Ein Pistol, wozu? — Du befürchtest doch nicht —"

„Ich befürchte freilich nichts" — den Pascher überkam es, wie eine dunkle Ahnung — „aber nimm, man fühlt sich sicherer." Er schob die Waffe Franz in die Hand; mechanisch steckte sie dieser zu sich.

Das Licht verlosch in der kleinen Hütte, die beiden Männer traten hinaus in die kalte, feuchte Nachtluft. Ein Frösteln überlief Franz, still und wortlos folgte er seinem Führer aufwärts dem Gebirgskamme zu.

* * *

Hoch droben im Gebirge, gelehnt an die Stämme der mächtigen Fichten, standen mehrere Männer. Der Wind blies kalt durch die Wipfel der Bäume und die Männer hüllten sich dichter in ihre Mäntel. Selten nur durchbrach der Mond auf einen Augenblick den grauen Wolkenflor und spiegelte sich auf den blanken Gewehrläufen.

„Sollten sie wirklich heute über die Grenze gegangen sein?" begann der Eine.

„Ich habe mich nicht getäuscht; ich sah ganz bestimmt den Ling-Hans mit einem Zweiten, den ich nicht zu erkennen vermochte, gegen zwölf Uhr das Gebirge hinaufsteigen," entgegnete ein Anderer.

„Still!" gebot der Führer der Truppe. Es ward ruhig, nur aus der Ferne vom Thale herauf klang in dumpfen Schlägen die zweite Stunde nach Mitternacht. Der Führer lauschte angestrengt nach einer Richtung hin, es war ihm, als hätte er ein leises Knacken, wie wenn der Fuß eines Menschen auf einen dürren Ast tritt, gehört; er spähte mit vorgebeugtem Haupte in die Dunkelheit, es schien ihm, als sähe er eine dunkle Gestalt aus dem Waldesschatten treten, dann noch eine und noch eine — es waren sechs. Mann für Mann schritten die Pascher auf dem schmalen Fußpfade hin, voraus Ling-Hans, nach ihm Franz, der Letzte im Zuge war der Kräutersepp, gebückt unter der Last mächtiger Ballen. Plötzlich blieb Hans stehen, sein scharfes Ohr hatte das Knacken eines Hahnes gehört und fester faßte er den Griff seines Pistols. Die Männer standen wie die Bäume, die sie umgaben; Franz hörte sein Herz pochen. Er dachte an seine Mutter, an die Worte, welche sie zu ihm gesprochen hatte, als er sie verließ, und schaudernd trat der Gedanke ihn an von dem Unheil, das nun über ihn und damit auch über ihr armes Herz hereinbrechen konnte; seine Lippen bewegten sich wie im stillen Gebet.

Hans war eine Sekunde lang unschlüssig, was er thun sollte; da trat der Mond hervor aus den Wolken, nur für einen Augenblick, aber es genügte beiden Theilen, man hatte sich gesehen, ein Schuß krachte und noch einer. Die Pascher, erschreckt durch das Geschrei der Grenzer und in der Meinung, sie ständen einer Übermacht ent=

gegen, warfen die Päcke weg und eilten tiefer in den Forst. Der Mond trat wieder ganz hinter die Wolken, er hatte sein Werk gethan. Franz, starr und bestürzt von dem unglücklichen Zusammentreffen, stand einen Augenblick, er fühlte es warm über seine Hand rieseln; er war verwundet am linken Arme. Hier im Walde konnte er nicht bleiben, man konnte ihn ja ergreifen, denn trotz der Dunkelheit setzten die Grenzer zum Theil den Flüchtigen nach. Er eilte fort gegen das freie Feld, seine Kräfte fühlte er ermatten, dennoch konnte er nicht ausrasten, da sah er eine kleine Baude *), wie sie häufig im dortigen Gebirg sich finden und den Hirten oder Hirtinnen während der Sommermonate zum Aufenthalt dienen; auf diese eilte er zu und klopfte an: „Um Christi Barmherzigkeit willen, öffnet!"

„Wer ist draußen?" fragte eine weibliche Stimme.

„Ein armer Verwundeter, laß mich nicht vergehen, ich bin geschossen von den Grenzern."

Das wirkte, man war den „Grünen" hier oben nicht eben hold; die kleine Thüre öffnete sich, ein Mädchen in der Tracht der Hirtinnen des Gebirges trat heraus. Sie führte freundlich den blassen jungen Mann in die Stube und schloß sogleich wieder hinter sich ab. Mit liebreicher Sorge untersuchte und verband sie seine Wunde, welche nur von einem Streifschuß herrührte. Er hatte das bleiche Gesicht auf die Rücklehne des Stuhles gesenkt und sah recht traurig auf in das hübsche frische Gesicht seiner Pflegerin, welche mit tiefer Theilnahme auf den Verwundeten blickte und in deren hellen Augen Thränen erglänzten, da er erzählte, was ihn zum Betreten dieses Weges bewogen habe.

„Wie soll ich Dir danken, Mädchen, für deine Güte und Du pflegst mich armen Verwundeten so liebreich."

---

*) Ein einzelnes aus über einander gelegten Balken aufgerichtetes Haus mit Strohdach.

„Ich thue es ja gerne."

Sein Blick fiel auf einen Blumenstrauß, der in einem Glase auf dem einfachen Tische stand.

„Hast Du diese Blumen gepflückt?"

„Wer sonst wohl? Ich liebe die Blumen."

„Gib mir das Sträußchen, damit ich öfter an Dich und deine liebevolle Pflege denke."

Sie reichte es ihm, er befestigte schweigend die halbwelken Blumen an seinem Hute. Beide waren eine Weile stumm. Da fiel der Blick des Mädchens durch das Fenster, sie erblaßte und zeigte hinaus; Franz stand starr: zwei Grenzer schritten der Hütte zu.

„Zum Fliehen ist es zu spät; rasch hinauf zum Boden!" Sie schob ihn hin zu der Leiter, welche hinauf zum Dachraum der Baude führte, und oben angelangt warf er sich in das Heu, das daselbst aufgehäuft war.

Die Grenzer traten ein und er hörte den Einen fragen: „Bist Du ganz allein, ist nicht ein Bursch bei Dir?"

„Ich lasse Niemanden zu mir herein," entgegnete das Mädchen scharf.

„Hm, ich sah ihn deutlich auf die Hütte zueilen, er muß da gewesen sein oder noch da sein."

„Ich habe schon gesagt, daß er nicht da ist und nicht da gewesen ist."

„Der Bursche muß auch „geschweißt" haben, denn man kann die Blutspuren bis zu deiner Baude verfolgen."

Das Mädchen entfärbte sich leicht, aber schnell gefaßt erwiederte sie: „Es kann immerhin sein, daß er bei der Hütte war, aber hereingelassen habe ich Niemanden."

— Die Sicherheit, mit welcher das Mädchen redete, frappirte die Beiden. Franz lag mit angehaltenem Athem und lauschte; der wunde Arm schmerzte ihn, er zuckte damit zusammen, so daß es im Heu raschelte.

Einer der Grenzer hatte es gehört.

„Wie wäre es, wenn wir einmal auf den Boden sähen?" — Das Mädchen schrack zusammen, der Blick des Grenzers hatte stechend auf ihr geruht, nun schritt der Mann der Leiter zu.

Das Mädchen stellte sich vor ihn: „Wozu hinauf gehen, ich sage, er ist nicht da!"

„Wir können ja doch nachsehen; wenn er nicht hier ist, warum verwehrst Du es uns?" Er drängte sie zur Seite, aber das Mädchen rang mit ihm, sie bot alle Kraft auf. „Halte die Dirne!" sagte er zu dem Andern, „ich steige hinauf."

Das Mädchen bedeckte das Gesicht mit den Händen und sank auf einen Stuhl. Franz hatte Alles gehört, sein Herz pochte zum Zerspringen; er sah sich um nach Rettung, er durfte ihnen nicht in die Hände fallen, was sollte dann aus seiner armen Mutter werden? Er kroch zu der Dachlucke, so leise es möglich war, und blickte hinab. Es war nicht zu hoch, doch scheute er den Sprung; da knarrte die Leiter unter dem Tritte des Grenzers — es mußte sein. Im Augenblick hatte er sich hinausgeschwungen über die Brüstung, er fiel auf weiches Gras. Sogleich sprang er auf und eilte hin über die Fläche, um den Wald zu erreichen, allein der Grenzer, der in der Stube geblieben war, hatte ihn gesehen. „Dort flieht er; rasch komm' herab!" schrie er seinem Genossen zu, der noch auf der Leiter stand. Beide warfen ihre Büchsen über und eilten hinaus, ohne sich weiter um das Mädchen zu kümmern, das bittend hinaufsah zum Himmel und mit klopfendem Herzen an das Fenster trat, um dem Verfolgten nachzusehen.

Franz eilte in mächtigen Sätzen wie ein gejagtes Wild dahin, doch seine Kräfte waren schwach, er fühlte, er würde den Verfolgern nicht entrinnen; er sah, daß der Zwischenraum sich verringerte, er wußte nicht, was er that. Mechanisch faßte er das Pistol, das noch im Gürtel stak, spannte im vollen Laufe den Hahn, dann wandte er sich, der Schuß krachte, er sah den Einen stürzen, den Andern bei ihm niederknieen, dann sah er nichts mehr. Erschöpft und todtmüde langte er am hohen Morgen bei der elterlichen Hütte an.

Erschreckt sah die Mutter in das blasse Gesicht des Sohnes, dem das Blut über die Hand rieselte, denn der Verband hatte sich verschoben. „Um Gotteswillen, Franz, Du blutest, Du warst am Schleichhandel — o meine Ahnung!"

„Sei ruhig, Mutter, es ist nur ein leichter Streifschuß."

„Mein Kind, mein einziges Kind, warum thust Du mir das? Warum hast Du gelogen, Du gehst hinab, um Geld zu leihen? — Gott sei gepriesen, ich habe Dich wieder!"

Er warf sich an die Brust der Mutter, sein Herz krampfte sich zusammen, er wußte, er sei nicht sicher, man würde ihn gar bald aus ihren Armen reißen, denn auf seiner Seele lastete ja Mord. Die alte Frau brachte Alles herbei, um ihn zu kräftigen; sie setzte sich zu ihm und er mußte ihr versprechen, nie mehr diesen Pfad zu betreten. Er that es willig.

Das Wundfieber brach aus während der Nacht, aber das treue Mutterherz wich nicht von des Sohnes Seite; sie kühlte seine glühende Stirn, sie betete für ihn, denn er war ihre letzte, einzige Stütze. Der nächste Tag verging, der Kranke war ruhiger, es verging auch die nächste Nacht, das Fieber war vorbei und seine sonst gute Natur hielt ihn nicht lange auf dem Krankenlager. Es vergingen wieder zwei Tage. Franz kräftigte sich immer mehr, er athmete leichter, vielleicht hatte man ihn nicht erkannt.

Da saß er des Nachmittags neben der alten Mutter, die das Spinnrad drehte, und besprach mit ihr, wie und wo sie leben würden, wenn der Bergmüller seine harten Worte verwirklichen sollte: der Sohn noch immer zagend und ängstlich, das Mutterherz aber voll felsenfesten Gottvertrauens. „Halte dein Gewissen rein, mein Franz," sagte sie, „dann bist Du reich genug, für alles Andere wird unser Herrgott sorgen, der nicht einmal die Thiere des Feldes verläßt, noch weniger die, welche zu ihm rufen."

Jetzt klopfte es an die Thüre, Franz schrack unwillkürlich zusammen. Auf das „Herein!" der Mutter traten zwei Grenzer ein. Die alte Frau wurde bleicher, Franz war aufgesprungen.

„Sind Sie der Franz Starke, Weber?"

„Der bin ich." — Seine Stimme zitterte.

„Sie sind verflossenen Mittwoch beim Schwärzen betreten worden und haben fliehend nach einem unserer Kameraden geschossen, Sie sind unser Gefangener."

Die alte Frau stand starr mit gefalteten Händen und blickte auf ihren Sohn. „Ist er todt?" preßte dieser mühsam hervor.

„Nein, der Schuß hat ihn bloß an der Schulter verletzt."

„Gott sei gelobt! — Mutter, Verzeihung, Mutter — o daß ich Dir dies anthun mußte!"

Er warf sich schluchzend wie ein Kind an die Brust der Frau, die ihn fest und innig umschlang, aber keine Thräne kam aus ihrem Auge, kein Seufzer entquoll ihren Lippen, sie sagte nichts als: „Gehe mit Gott, Franz, ich will für Dich beten."

Der Sohn wandte sich ab, doch noch einen langen bittenden Blick warf er auf die Mutter, der er selbst die Stütze geraubt hatte, dann folgte er den Grenzern. Die alte Frau fiel auf ihren Stuhl zurück, das hatte ihr den Todesstoß gegeben.

Übermorgen war der Termin um, den der Bergmüller gesetzt hatte.

* * *

Wir finden Franz im Gefängniß wieder. Da manche mildernden Umstände, wie sein früheres unbescholtenes Leben, das Motiv, welches ihn zur That getrieben, ferner, daß die Wunde des Grenzers nicht tödtlich war und daß Franz offen Alles eingestand — für ihn sprachen, so wurde er zu fünfzehn Monaten Gefängniß verurtheilt. Als man ihm den Spruch vorlas, schlug er die Hände vor das Gesicht: „O, meine arme Mutter!" — An die Gitterstäbe des kleinen Fensters preßte er sein glühendes Gesicht. Er blickte hinaus in der Richtung nach der Heimath, nach den lieben blauen Bergen, hinter denen ihm ein liebes Mutterherz schlug — wenn es noch schlug — und ein tiefes, tiefes Weh überkam ihn. „Wie wird es meiner Mutter gehen?" Das war der eine Gedanke, um welchen sich alle andern reihten. Denn daß der Bergmüller sie in der kleinen Hütte gelassen haben sollte, wagte er nicht anzunehmen; wer wird für sie sorgen, wer sie nähren, die alte, kranke Frau?

Ihm stürzten Thränen aus den Augen bei dem Gedanken, sie könnte nicht mehr sein, und er, ihr einziger Sohn, auf den sie so fest vertraute, daß er gut und rechtschaffen sei, daß er einst ihre Stütze sein werde, er hatte sie getäuscht, er hatte sie belogen, er hatte ihrem Herzen eine Wunde geschlagen, die lange nicht, vielleicht nie mehr vernarben würde. Er befand sich in ungeheurer Aufregung; Verzweiflung im Herzen tragend, rüttelte er an den Eisenstäben des Gitters — es wankte. Da tauchte der Gedanke an die Freiheit, an die Mutter mächtiger in ihm auf; es war ihm früher noch nie in den Sinn gekommen, zu fliehen, und weil man ihm traute, hatte man ihn wohl auch in das schlechtverwahrte Gemach gebracht. Noch einmal riß er an den Stäben, der morsche Kalk bröckelte los — es mochte wohl vor ihm schon Mancher daran gerüttelt und gelockert haben. Doch mit dem bloßen Reißen und Zerren brachte er das Gitter nicht aus der Mauer. Rathlos blickte er um sich, nirgends ein Werkzeug. Da stand in der Ecke ein kleiner eiserner Ofen, an dessen obern Aufsatze spitzige eiserne Zacken sich befanden — wenn er einen losbrechen könnte!

Er versuchte es an dem Theil des Ofens, welcher der Mauer zugekehrt war, damit man nichts bemerkte; ein kräftiger Ruck — er hielt das Eisen in seiner Hand. Er hätte aufjauchzen mögen und dennoch war damit nichts gethan. Sehnsuchtsvoll erwartete er die Nacht und erst, als er sich sicher genug glaubte, begann er mit dem Eisen zu arbeiten. Das Gitter war an der innern Wand angebracht; der Kalk bröckelte immer mehr ab, er rüttelte daran, um es herauszureissen — es ging nicht. Er suchte einzelne Steine auszuheben, seine Muskeln spannten sich beim Aufwande aller Kraft, seine Nerven zitterten vor entsetzlicher Aufregung. Bald aber drohten seine Kräfte zu schwinden. Kalt trat der Schweiß auf seine Stirne — wenn es ihm nicht gelänge! Da dachte er an seine Mutter und wieder und lange bohrte er den eisernen Zacken in die Wand.

Langsam wich der Stein — noch einige Anstrengung und mit dumpfem Gepolter fiel er zu Boden. Franz hielt den Athem an, Alles blieb ruhig; nun begann er von Neuem zu rütteln — vom Thurme tönte die erste Stunde nach Mitternacht. Er erblaßte, seine Hand sank schlaff herab; er hatte nicht mehr viel Zeit. Und wieder dachte er an seine Mutter und mit einer Art Wuth faßte er das Eisengitter — es war keine Täuschung — es wich aus den Mauerfugen; dann noch ein letzter kräftiger Ruck, er hielt es in der Hand. Leise legte er es auf sein Lager.

Nun blickte er hinauf zum Himmel, welcher schwarz und schwer über dem Lande hing, und kein Stern brach freundlich durch die Wolken. Dann sah er hinab zum Fenster; er konnte die Tiefe nicht bemessen, es war zu finster. Wie sollte er hinabkommen? Zum Sprunge war es offenbar zu hoch, ein rettendes Seil besaß er nicht und hätte er es gehabt, er hätte es nicht einmal hier oben befestigen können. Er fühlte hinaus zum Fenster, seine Hand faßte kaltes Eisen: „Das ist ein Blitzableiter!"

Seine Hände falteten sich einen Moment — war es Bitte, daß es gelingen möge, war es Dank? — Fest umklammerte er mit der Rechten die Eisenstange, mit der Linken hob er sich über die Brüstung und seine Seele empfahl er Gott. Einen Augenblick schwebte er zwischen Himmel und Erde. Seine Hand umklammerte krampfhaft den Leiter, an welchem er langsam hinabglitt.

Da stand er unten, zitternd vor Aufregung, und vermochte kaum einen Gegenstand neben sich zu erkennen in der Dunkelheit. Er tappte vorwärts, bis ihm ein Hinderniß entgegentrat — er stand vor einer Mauer. Seine Hände bluteten, aufgeritzt von dem scharfen Eisen, sein Athem ging schnell und seine Brust hob sich vor Erregung, aber fest bohrte er seine Finger in die klaffenden Risse der alten Mauer — es galt ja das letzte Ringen und galt für seine Mutter — bald stand er oben, ein Sprung und — er war frei. Einen Augenblick stand er still und athmete hoch auf, dann eilte er fort durch die Nacht den heimischen Bergen zu. Als der Morgen tagte, sah er bereits die graue Windmühle, beleuchtet vom Morgenscheine. Bald lag das kleine Dorf vor ihm, das sein Alles, seine Mutter barg; sechs Wochen hatte er es nicht gesehen. Mit einer Hast, die ihm nur die Kindesliebe verlieh, vielleicht auch getrieben von banger Ahnung eilte er der kleinen Hütte zu. Er klopfte, die Thüre öffnete sich — er schaute in das finstere Gesicht des Bergmüllers. Erschrocken prallte er zurück und vermochte für den Augenblick kein Wort hervorzubringen. Der Müller sah ihn gleichfalls erstaunt an, er glaubte ihn im Kerker; es war eine peinliche Pause.

„Wo ist meine Mutter?" fragte endlich Franz, mühsam die Worte suchend, denn sein Herz hatte sich zusammengeschnürt unter furchtbaren Ahnungen.

Der Müller hatte seine Ruhe wieder. Er wies hinauf mit der Rechten: „Sie wohnt im Oberdorfe." Hätte Franz in das Gesicht des Müllers geblickt, so hätte ihm das höhnische Zucken um dessen Mund nicht entgehen können, aber er achtete nicht darauf. Mit wilder Hast rannte er den Hügel hinab, hinauf durch das Dorf zu den letzten Hütten, Ling-Hans mußte es wissen. Er klopfte an. Der Pascher sprang bestürzt auf: „Du bist's? Wie kommst Du her?"

Franz antwortete darauf nicht: „Wo ist meine arme kranke Mutter; sie wohnt im Oberdorfe, sagte der Bergmüller?"

Hans sah ihr einen Augenblick wehmüthig an: „Ja, er hat Recht, sie wohnt im obern Dorfe," und er wies mit der Hand durch das niedere Fenster hinaus: da oben lag die kleine Kirche, umgeben von dem Gottesacker. Franz sank wie vernichtet auf einen Stuhl.

„Todt, gestorben und ich bin Schuld daran!" Er vergrub das Gesicht in die Hände und schluchzte und stöhnte. Der Pascher wagte nicht, den Schmerz seines Freundes zu unterbrechen, aber seine kleinen grauen Augen ruhten mit treuherzigem Ausdruck auf dem Armen.

Franz erhob sich: „Führe mich zu ihrem Grabe!"

In dem kleinen Dorfkirchhofe war es stille. Auf den eingesunkenen Grabhügeln nickten meist morsche Holzkreuze. Nur selten sah man ein größeres steinernes Denkmal, von Flieder überhangen; denn Leute, die im Leben schon ein größeres Ansehen genossen und irgend ein Amt oder des Reichthums süße Bürde trugen, müssen sich auch nach dem Tode den größeren Druck des Steines gefallen lassen.

Schweigend führte Hans seinen Begleiter in eine Ecke des Friedhofs, wo sich ein einfacher Hügel erhob, ohne Kreuz und Schmuck, mit Ausnahme eines halbwelken Kranzes, der auf der aufgeschütteten Erde lag. Da ruhte sie drunten, die so auf ihn gebaut, deren wegen er Alles gethan hätte, das liebe treue Mutterherz, das nur für ihn geschlagen hatte. Er warf sich nieder und seine Nägel bohrten sich in den lockern Boden. Hans stand dabei und Thräne um Thräne rann über sein gebräuntes Gesicht. Franz wurde allmälig ruhiger; widerstandlos ließ er sich von dem Pascher nach dessen Wohnung führen.

„Erzähle mir von meiner guten Mutter, von ihren letzten Tagen; hat sie mir nicht geflucht, dem Unseligen, der alles Leid über sie brachte?"

„Sie starb mit deinem Namen auf den Lippen; sie hat Dich gesegnet; hier auf diesem Lager starb sie, ich drückte ihr die Augen zu."

Franz reichte dem Pascher stumm die Hand. Dieser fuhr fort: „Der Bergmüller hat sie am dritten Tage nach deiner Hinwegführung aus euerm Häuschen hinausgeworfen —"

„Hat sie hinausgeworfen!" — Hans hörte die Zähne des jungen Mannes auf einander knirschen.

„Er wollte die kleine Wohnung selbst beziehen; das große Haus hat er vermiethet, es trägt ihm ja mehr. Deine Mutter nahm ich zu mir, ich hielt sie wie die meine, ich war es ihr ja schuldig, denn ich hätte Dich damals zurückhalten sollen."

Franz erhob sich: „Ich danke Dir für Alles, was Du ihr gethan hast. Geben kann ich Dir nichts, denn ich bin ein armer Flüchtling, der nicht weiß, wo er sein Haupt hinlegen soll, aber was ich nur je für Dich werde thun können, das soll geschehen, Du treue, gute Seele."

„Ich würde sagen: Wohne bei mir! — allein hier bist Du nicht sicher, man wird überall nach Dir forschen. Du mußt hinauf in's Gebirge. Die Schlucht am Kreuzbühl kennst Du, dort sucht Dich Niemand, dorthin gehe; ich komme des Abends hinauf und wir reden dort Weiteres. Doch nimm hier dies mit." — Er steckte ihm ein Stück schwarzes Brod in die Hand und eine Flasche Branntwein. „Nimm es!" sagte er bittend, als er sah, daß Franz es zurückweisen wollte. „Doch nun fort, ehe Dich noch Viele im Dorfe gesehen haben!" Er drängte ihn hinaus und wies in der Richtung des Waldes hin.

Franz schritt im Schatten der mächtigen Fichten fort. Seine Gedanken zogen wirr durch einander. Sie weilten beim Grabe der Mutter. Ihm war so wehe, als sollte ihm das Herz springen: er hatte sie unter die Erde gebracht, er war ein Muttermörder, er fühlte das Kainszeichen auf seinem Gesichte brennen. Dann murmelte er plötzlich wieder: „Hinausgeworfen! — Er hat sie hinausgeworfen. Die kranke alte Frau aus ihrer Heimathsstätte!"

Sein Schritt wurde rascher und dunkle Gedanken stiegen in ihm auf.

* * *

Es war Abend. Der Himmel war ganz heiter und die Sterne waren hervorgetreten; der Mond glänzte über dem kleinen Dorfe und seine bleichen Strahlen spielten mit sichtlichem Wohlgefallen auf den mächtigen Flügelspeichen der Windmühle, welche gleich einem riesigen Gespenst und mit drohend ausgestreckten Armen auf das Dorf hinuntersah. Da zuckte plötzlich ein blutrother Schein auf aus dem kleinen Weberhäuschen und die Windmühle erglänzte schaurig roth. — „Feuer, Feuer!" tönte es durch das Dorf. Die Leute sammelten sich in dichten Haufen um den Hügel und sahen dem Schauspiel zu, wie die Funken in die klare Luft emporsprühten, wie es zuckte und loderte in den dürren Sparren und wie der Bergmüller klagend und jammernd, ein Bild der Verzweiflung, auf und nieder und um die Flammen herum rannte und schrie: „So helft doch, helft, meine Habe geht zu Grunde!"

Allein nur Wenige waren dazu zu bewegen, der Alte war ja verhaßt im Dorfe und für dieses selbst war nichts zu fürchten, da der Luftzug unbedeutend und die Häuser ziemlich entfernt standen. Die rothe Lohe schlug empor zum blauen Abendhimmel und gab diesem einen unheimlichen Anstrich. Das kleine Häuschen stürzte krachend zusammen, daß weithin die Funken stoben. Der Luftzug trieb diese aufwärts und aus dem Dache des Hauses des Bergmüllers schlug gleichfalls die Flamme hell empor. Bald krachte der obere Stock zusammen, das dürre Holz hatte leicht gefangen, an dem steinernen ausgebrannten Erdgeschoß leckten die Flämmchen wie höhnend, weil ihnen nichts im Wege stand bei ihrem unheilvollen Werke.

Auf einem kleinen Hügel unweit der Brandstätte stand ein bleicher junger Mann mit verzerrten Zügen und starrte auf das Feuer. Es war Franz; er hatte den Zündstoff in sein Vaterhaus geschleudert, denn der Mann, der seiner armen Mutter Alles geraubt, der ihn zu dem gemacht hatte, der er nun war, er sollte das Haus seines Vaters, das Heiligthum seiner Jugend, nicht entweihen, er sollte es auch nicht besitzen. Als das Wohnhaus des Müllers zusammenbrach, wandte er sich zum Walde und schritt aufwärts.

Der Morgen beleuchtete eine Trümmerstätte — der reiche Bergmüller war ein Bettler. Seine bewegliche Habe, sowie sein Geld, das er stets im Hause hatte, um sich an dessen Anblick zu ergötzen, waren vernichtet.

* * *

Ling-Hans hatte dem unglücklichen Franz zugeredet, zum Schmugglergeschäft zu greifen. Allein dazu konnte er ihn nicht bewegen; Franz hatte ja seiner Mutter versprochen, nie mehr diesen Pfad zu betreten, er wollte es halten aus Ehrfurcht für die Verstorbene.

„Aber Du mußt ja doch leben von etwas!" hatte Hans gesagt.

„Ich werde mich als Knecht verdingen."

Der Pascher lachte bitter auf: „Glaubst Du, daß man den flüchtigen Sträfling, den Mordbrenner nicht suchen, daß man ihn irgendwo aufnehmen wird?"

„Aber was soll ich thun?"

„Höre Franz, zurück kannst Du nicht mehr, Du mußt vorwärts. Der Müller mag's einst verantworten, was Du Schlimmes thust, er hat Dich dazu gezwungen — werde Wildschütz. Ich selbst habe das Geschäft in frühern Zeiten betrieben und bin gern bereit, dein Loos zu theilen. Was wir an Wild erlegen, will ich über die Grenze schaffen, wo ich Abnehmer weiß und wo es gut bezahlt wird. Was ist der Herrschaft an einigen Hirschen gelegen und leben mußt Du ja doch!"

Er streckte Franz die Hand hin; der zögerte, denn ihm schwebte seine Mutter vor Augen und ihr freundlich mahnendes Wort: „Mein Sohn, halte dein Gewissen rein!" Aber auf der andern Seite standen Noth und Elend und — er schlug ein.

Er lebte im Walde, er wohnte im Walde, er schlief im Walde oder vielmehr in einer Grotte am Kreuzbühl, wo ihn Niemand suchte. Den Tag über ruhte er mit Ling=Hans, der treu bei ihm aushielt, des Nachts gingen sie auf den Anstand. Der Pascher kannte genau alle Plätze, wo das Hochwild wechselte, und manches feiste Prachtthier fiel durch ihre Kugel und kam über die Grenze. Für das erworbene Geld kaufte Hans jenseits der Grenze den nöthigen Lebensbedarf ein. Selten kam Franz über den Wald hinaus. Nur einmal war er hingegangen nach der Hütte, wo das Mädchen wohnte, das ihm einst mit barmherziger Samariterliebe seine Wunde verbunden hatte, aber die Baude war leer, das Mädchen war mit dem Vieh bereits hinabgezogen in das Thal, denn die Sommermonate waren vorüber.

Die rauhe Jahreszeit nahte immer mehr. Die Schlucht am Kreuzbühl gewährte nur wenig Schutz gegen des Wetters Unbill und es war nicht denkbar, daß Franz den Winter über hier aushalten konnte. Deßhalb stieg er bei Nacht hinab zur Hütte des Ling=Hans.

„Das Paschen nährt im Winter viel besser als das Wildern; betheilige Dich daran! Es ist ja keine Sünde, es ist nur ein Strafgesetz, nicht Gott hat es gegeben, nur der Staat und was liegt daran, wenn der Staat um die wenigen Gulden übervortheilt wird, wir wollen ja doch auch leben!" hatte der Pascher zu ihm gesagt.

Franz kämpfte noch immer einen harten Kampf; allein war die Wilddieberei ein besserer Erwerb oder nicht ein noch schlechterer? — Er willigte endlich noch ein. Wenn der Sturm die Flocken bunt durch einander wirbelte, wenn die Wege tief verschneit waren, da gingen die Männer über das Gebirge; und wenn man ihnen auch oft auflauerte, Ling-Hans war zu wachsam, nie wurden sie dabei ertappt. Nach glücklichem Zuge lagen sie in der kleinen Hütte im Oberdorfe und Niemand ahnte ihre Anwesenheit daselbst: die Thüre war wie immer geschlossen, die Fensterläden halb herumgeschlagen — das Häuschen lag ganz friedlich da. —

Allmälig verstrich der Winter. Die Bergwässer begannen zu „blühen", d. h. sie führten das Schneewasser herab von den Bergen. Die Thäler grünten und selbst die hohen Föhren im Gebirge droben hatten die Schneedecke bereits abgeschüttelt. In dem kleinen Häuschen des Paschers saß Franz und sein Blick schweifte hinaus durch das kleine Fenster, das nach dem Friedhofe hin ging. Traurige Gedanken drängten sich in ihm. Er blickte auf sein vergangenes Leben zurück — es war eine lange Kette bitteren Leides.

Die da drüben waren glücklich, er hätte mögen bei ihnen sein, bei seiner Mutter. In diesen Gedanken war er näher an das Fenster getreten. Er dachte nicht daran, daß seine Anwesenheit im Dorfe verborgen bleiben müsse; er meinte vom Fenster aus den Erdhügel zu sehen, unter welchem sein Mütterlein ruhte. Er hatte auch nicht bemerkt, daß ein hageres Gesicht höhnisch in die niedere Stube hereinsah und dann rasch verschwand; er stand ganz am Fenster, hatte die Hände gefaltet und betete leise für die da drüben und für sich, den armen Sünder.

Er ging in der Stube auf und ab und erwartete Hans, der ausgegangen war, um nothwendige Einkäufe zu machen; sein Blick fiel in Erwartung des Freundes durch's Fenster — zwei Gensdarmen schritten der Hütte zu. Das konnte nur ihm gelten; wie wußte man aber, daß er hier sei? — Doch gleichviel, er mußte fort. Rasch entschlossen verriegelte er die Vorderthüre und wartete noch einen Augenblick auf der Flur; er gedachte, sobald sie von vorn Einlaß begehrten, durch die Hinterthüre zu fliehen und den Wald zu gewinnen.

Schon krachte der erste Kolbenstoß an der verriegelten Vorderthüre, da versuchte er den Riegel der Hinterpforte wegzuschieben; er meinte, es würde leicht gehen, allein — der Riegel wich nicht. Einen Moment stand er rathlos; fort mußte er, koste es, was es wolle. Mit aller Kraft riß er an dem schließenden Eisen, kreischend sprang dieses zurück. Die Beiden mußten es gehört haben, sie lauschten einen Augenblick, dann aber krachte die morsche Thüre in den Fugen — sie hatten sich mit der Wucht ihrer Körper dagegen gestemmt. Sie traten ein, ihr Blick fiel durch die geöffnete Hinterthüre. „Dort, dort!" Der Eine zeigte mit dem Finger hinaus und Beide eilten nach der Richtung fort.

Ja dort lief er, gehetzt wie ein Wild, und suchte den Wald zu erreichen; allein er hatte in der Hast den schlechtesten Weg gewählt, bergan, in weichem lehmigen Boden, der den Fuß hemmte. Der eine Gensdarm erkannte es, es galt, ihm den Zugang zum Walde abzusperren. Es war ein Wettlauf um einen Menschen. Franz stand einen Moment hochaufathmend, doch auch nicht ein Moment durfte verloren werden. Schon war er dem Walde nahe, da glitt sein Fuß aus — der Gensdarm hatte den Vorsprung; er konnte nicht vorwärts, er mußte zurück in's Dorf. In fliegender Hast, mit keuchender Brust stürmte er zurück und im wilden Jagen seine Verfolger ihm nach. Er wußte kaum mehr, wohin er eilte, da stand er an dem ausgebrannten Gemäuer der Windmühle. Er konnte nicht weiter, es galt kein Besinnen, mit Aufbietung aller Kraft schwang er sich über die niedrige Mauer und athmete hoch auf, als er innerhalb des Hofraumes stand. In der Windmühle war ein kleines Zimmer, das früher nicht bewohnt worden war, denn es war feucht und kalt und diente nur zur Aufbewahrung von Gerümpel. Heute schimmerte Licht durch das schmale Fenster. Franz trat ein, ohne anzuklopfen — er stand vor dem Bergmüller, welcher erschrocken aufgesprungen war, denn den Mann, welcher vor ihm stand, hatte er bereits in festem Gewahrsam geglaubt.

„Bergmüller, Ihr müßt mich schützen!" stieß der junge Mann keuchend hervor.

Ein kalter Hohn lag auf dem Gesichte des Müllers: „Ich Euch schützen, den Mordbrenner, der mich zum Bettler gemacht hat?" —

Franz fuhr auf: „Wer hat mich zu dem gemacht, der ich jetzt bin? Wer hat mich dazu getrieben, daß ich den unseligen Schleichpfad betrat, daß ich den Grenzer schoß, daß ich meine Mutter unter die Erde brachte, daß ich im Kerker lag, daß ich ein Landstreicher wurde, daß ich jetzt ein verfolgter Flüchtling bin? — Ihr, Ihr und wieder Ihr! — Ihr müßt mich schützen, beim ewigen Gott, sonst stoße ich Euch nieder ohne Erbarmen!" — Ein Messer blitzte in der Hand des Schmugglers; der Alte erblaßte.

„Ihr werdet sagen, wenn sie pochen, ich sei nicht hier, Euch wird man glauben!"

Und schon pochte man an die Thüre in der Mauer.

„Macht auf, Bergmüller, der Pascher, den Ihr verrathen habt, muß bei Euch sein!"

Die Rechte des Schmugglers preßte eisern den Arm des Alten, die Linke hatte unwillkürlich das Messer gezuckt.

„Zu mir wird der nicht fliehen, der mein Feind ist." — Die Stimme des Alten klang heiser.

„Er hat Recht!" sprach einer der Gensdarmen draußen — „er muß wieder hinab sein in's Dorf!"
Die Beiden entfernten sich rasch, Franz athmete auf, er ließ den Arm des Alten los.

„Ich danke Euch, Bergmüller, doch ist unsere Rechnung noch nicht ausgeglichen: Ihr habt bloß euern Verrath wieder gut gemacht!"

Franz entfernte sich nach einer kleinen Weile. Kaum aber war er fort, so warf der Müller einen alten Mantel um die Schultern und eilte so schnell als möglich dem Verhaßten nach, welcher sich im Waldesschatten eiligst verlor und nun mit Gewandtheit und Sicherheit vorwärts eilte, ohne die gebückte Gestalt zu bemerken, welche gespenstisch hinter ihm herhuschte von Baum zu Baum.

* * *

In der Schlucht am Kreuzbühl brannte ein kleines Feuer, an welchem zwei Männer saßen, Hans — und der Kräutersepp. Hans war verstimmt, er glaubte den Freund gefangen und just heute, wo er einen Hauptstreich auszuführen gedachte. Beide saßen schweigend und starrten in die Gluth, die an den dürren Reisern prasselnd leckte und die sie beständig nährten. Da trat aus dem Dunkel der Föhren der so eben noch Vermißte und freudig streckten sich ihm die Hände der Männer entgegen. Franz ließ sich an dem Feuer nieder und erzählte sein Abenteuer; der Verrath des Müllers entlockte Hans einen derben Fluch. —

Hierauf begann der Pascher von dem heutigen Geschäfte zu reden. Seine Stimme war halblaut; die beiden Andern lauschten gespannt seinen Worten. Es mußte ein bedeutendes Unternehmen sein, denn als der Sprecher geendet hatte, saßen sie noch stumm und starr in die Gluth blickend. Sie hatten auch nicht bemerkt, wie eine dunkle Gestalt sich von Baum zu Baum schlich und ihr

Gespräch belauscht hatte; jetzt huschte sie eben wieder zurück in die Waldesnacht.

„Und wir Drei allein sollen es ausführen?" begann Franz nach einer Weile.

„Was fällt Dir ein? Noch fünf Männer, erprobt in diesem Gewerbe, sind betheiligt. Gelingen muß es, denn keine Seele ahnt etwas davon und die heutige Nacht ist ganz dafür geeignet."

Die Männer versanken in Nachsinnen. Es war ganz still im Walde und nichts hörte man, als das leise Knistern der Flammen.

Der Müller war indeß in größter Hast durch den Wald hinabgeeilt zum nächsten Grenzerposten, er hatte seinen Feind in der Hand — jetzt sollte er ihm nicht entgehen. Er erzählte dem Commandirenden, was er belauscht hatte.

„Das Viertel von dem, was es einbringt, sollt Ihr haben, wenn das wahr ist; das wäre ein Fang, wie wir ihn noch nie gethan haben. Und bloß diese drei Männer? Ihr wißt es gewiß?"

„Ganz gewiß!"

„Vortrefflich!" bekräftigte der Commandant und entließ den Alten. Kurze Zeit darauf kamen vier Mann völlig bewaffnet aus dem Grenzhaus und schritten hinauf in's Gebirge. Sie schienen genau auf einen Ort angewiesen zu sein, denn ohne daß einer von ihnen etwas sprach, standen sie alle zugleich still. Es war eine wilde Gegend. Wirres Gestrüpp und Buschwerk wucherten zwischen den mächtigen Bäumen, hinter welchen die Männer standen. Ihre Augen spähten scharf nach einer Hügelkante, die durch eine vereinzelte Baumgruppe sich bemerkbar machte und an welcher ein unbetretener Fußpfad vorbeiführte.

Eine lange, peinliche Zeit verstrich, ohne daß sie etwas bemerkten. Endlich rauschte es hinter ihnen im Walde, sie wandten sich — es war hell genug, so daß sie einige Gestalten bemerken konnten, die, nichts Arges ahnend, mit schweren Päcken beladen durch das Gebüsch brachen.

Ein kräftiges „Halt" erscholl. Die Männer standen still, sie konnten diesen guten Fang nicht so leichten Kaufes lassen. Ein Moment genügte, die kleine Anzahl ihrer Gegner zu erkennen; sie standen wie aus Erz gegossen und zogen die geladenen Pistolen aus dem Gürtel. Der Mond zog einen matten Wolkenschleier über sein glänzendes rundes Angesicht, aber die Gegner hatten sich gesehen und Schuß um Schuß krachte im Walde. Die Grenzer, die sich bloß drei Schmugglern gegenüber glaubten, sahen mit Schrecken die Übermacht.

„Der Schuft von Müller hat gelogen!" schrie der Eine und sie ergriffen die Flucht, nachdem einige Schüsse gewechselt waren.

Die Grenzer hatten nur wenige Schüsse gethan, einer aber hatte gut getroffen. Auf dem Moose lag Franz, die Hand auf's Herz gepreßt, von Blut überströmt. Hans kniete bei ihm nieder und hielt seine Rechte; der Verwundete vermochte kaum zu sprechen, sein Blick fiel auf seinen Hut, der neben ihm lag. Hastig griff er darnach und nestelte einen vertrockneten Blumenstrauß los, der daran befestigt war.

„Bring' es dem Mädchen, von der ich Dir sagte — sage ihr — ich — lasse sie grüßen — zum —." Er bäumte sich hoch auf, dann griff seine Linke krampfhaft in das Moos, er streckte sich lang aus — er war nicht mehr.

Die Männer standen um ihn mit entblößten Häuptern und beteten leise und der Mond schien durch die Bäume auf das blasse, ruhige Gesicht.

Am andern Tage begruben sie den Todten hoch oben am Kreuzbühl; im dunklen Föhrenschatten senkten sie ihn in die kühle Erde, das arme Menschenherz, das viel geduldet, das die Kindesliebe zum ersten Vergehen getrieben hatte, das auf abschüssiger Bahn fortgegangen war und nun so traurig enden mußte.

Hans brachte den vertrockneten Strauß der Hirtin. Als sie das Ende Franzens hörte, brach Thräne um Thräne aus ihren Augen — sie war sich klar geworden über das Gefühl, das sie für den Todten gehegt hatte: — das Mädchen hat nie geheirathet.

Einige Zeit später fand man den Bergmüller in seiner Stube ermordet. Nie erfuhr man etwas über den Thäter. Ling-Hans war seitdem verschollen.

Leben und Abenteuer eines Missionärs.

Aus dem Französischen von P. Joseph Maria Reiste.

Einleitung.

Nichts gehört eigentlicher und natürwüchsiger in die Alte und Neue Welt, als die katholischen Missionen. Die Missionen schlugen die Brücke über den weiten Ocean und verbanden die beiden Welten durch das gemeinsame Band des Christenthums. Die Missionäre gehörten und gehören gleichmäßig beiden Welttheilen an. Sie sind Söhne Europa's durch ihre Geburt und Erziehung, sie sind Väter Amerika's durch ihre segensreiche Thätigkeit, und nicht selten durch ihren Heldentod für den Glauben. Und gleichwie sie beiden Welttheilen angehören, so haben sie auch wohlverdiente Ansprüche auf die Achtung und Dankbarkeit beider. Wir hoffen daher, die folgenden Auszüge aus dem Tagebuche eines französischen Missionärs werden von unsern deutschen Lesern eben so günstig aufgenommen werden, als sie seiner Zeit von den französischen aufgenommen wurden. Die hie und da etwas stark hervortretende französische Färbung wird dem Ganzen seinen allgemeinen christlichen Charakter nicht zu nehmen im Stande sein.

1. Abreise. Texas. Die Post. Castroville. Entbehrungen.

Hr. Domenech, Verfasser des Tagebuches, fühlt in sich den Beruf zum Missionär. Kaum zwanzig Jahre alt verläßt er seine Heimath, und schifft sich auf einem amerikanischen Segler ein. Der Himmel ist so heiter, das Meer so ruhig und glatt, daß man auf dem Verdeck einen Altar errichtet und das heilige Opfer darbringt, dem die Passagiere mit andächtiger Sammlung beiwohnen.

Alles Großartige findet in der Menschenseele sein Echo. Der junge Apostel ist ergriffen beim Anblick des unermeßlichen Meeres, aber noch mehr ergreift ihn das Bild seiner weitaussehenden Pläne. Vor seinen Augen erheben sich neue Kolonien, zahlreiche Völkerschaften, die in ihrer Abgeschiedenheit des wohlthätigen Beistandes der Religion entbehren müßten, wofern nicht eifrige Priester entschlossenen Muthes sie in ihren Thälern, Bergen und Wäldern aufsuchten. O wie schön, wie edel erscheint ihm alsdann sein Beruf! wie fühlt er sich ermuthigt zu jener völligen Selbstaufopferung, die der Weltmann bisweilen bewundert, aber nie zu begreifen vermag, weil ihm die Beweggründe derselben, die religiöse Ueberzeugung und die unbegrenzte Liebe, fremd sind.

Indessen werden dem Jünglinge doch die Augen feucht, wenn er denkt, daß es für ihn vielleicht keine Rückreise mehr gibt. Denn nicht einem Jeden ist es gegeben, so auf einmal die Anhänglichkeit an die Familie zu vergessen, von seinen Freunden zu scheiden, liebgewordenen Gewohnheiten zu entsagen, ohne daß die Natur es schmerzlich empfinde.

Hr. Domenech langt in den Vereinigten Staaten an, und bleibt zwei Jahre im Seminar von St. Louis, um seine Studien zu vollenden, und sich auf seinen Missionsberuf vorzubereiten. Wie diese Zeit verstrichen ist, begibt er sich nach Galveston, der ersten Hafenstadt von Texas und Residenz eines Bischofs. Der Bischof aber voll Besorgniß, der Aufenthalt in Galveston möchte der delikaten Gesundheit des jungen Priesters nachtheilig sein, sendet ihn nach Sant=Antonio im Innern von Texas.

Nach einer kurzen Ueberfahrt, von Galveston nach Houston, wird der übrige Weg zu Lande gemacht. Die wohlriechenden Bäume, die immer blühenden Oleander erfüllen die Luft mit den süßesten Düften. Aber andrerseits kann man sich kaum eine Vorstellung machen von dem brennend heißen Boden, von den zahllosen Mückenschwärmen, deren Stiche so schmerzhaft sind, und von den lästigen Ameisenheeren, die nach allen Richtungen kreuzen und sich selbst in die Kleider hineinarbeiten, ohne daß man sich ihrer erwehren kann.

Hr. Domenech nimmt die Post, um von Houston nach Sant=Antonio zu fahren. Die Post ist ein mit vier starken Pferden bespannter Karren. Mit unaufhaltsamer Schnelligkeit setzt man über eine schmale aus nur zwei Holzstücken schlecht zusammengefügte Brücke, im Galopp geht es durch's Gehölz, über Stock und Stein. Bei plötzlich, ohne vorangehende Dämmerung, einbrechender Nacht, stürzt der Wagen in eine Schlucht.

„Haben Sie etwas gebrochen?" fragt der Kutscher.
„Nein."
„Nun, dann hat es nichts zu bedeuten."

Und fort geht es wieder, bis sie endlich vor einem Bauernhofe Halt machen, wo die Post über Nacht bleibt. Das Reisebett ist ein längliches Viereck aus Baumästen mit einer darüber geworfenen wollenen Decke. Der Abbé breitet noch seine Kleider darüber und legt sich erschöpft und todtmüde schlafen. Mit Tagesanbruch setzt er seine Reise fort, denn er hat noch einen langen Marsch vor sich.

Jetzt sind es Wiesengründe, sanfte Bäche, hellfarbige Blumen, vereinzelte alte Eichen, die sein Auge entzücken. Die Baumwollenstauden stehen in ihren rothen oder weißen Blüthen da; bald reiht sich Baum an Baum, ohne daß das Auge sie zu zählen vermöchte. Die Schlingpflanzen sind von riesenhafter Größe; eine wilde Rebe umrankt mit ihren starken Zweigen die Wipfel der höchsten Sycomoren (Maulbeerfeigenbäume), und dehnt sich über hundert Meter aus. Hier findet sich das Amerika der Dichter, hier der Urwald!

Bevor der Tag zu Ende geht, hat man einen Panther erlegt, der sich auf das vorderste Pferd geworfen; man hat ein furchtbares Ungewitter bestanden und den Rio=Colorado überschritten. In der aus Holz und Stroh errichteten Herberge von San=Marcos hat es nur zwei Betten, aber sehr große und breite, das eine für die Männer, das andere für die Weiber.

In Braunsfels, einer großen deutschen Kolonie, steht man am Vorabend eines Wahltages. Die Wähler rennen hin und her, gesticuliren, lärmen, singen, daß Einem die Ohren bersten möchten. Vom Wein taumelnde Gruppen politisiren mit der Cigarre im Munde und dem Glase in der Hand. Kein Wunder, wenn der Abbé schon nicht schlafen kann.

Endlich, nach einer Reise, wo jede Stunde etwas Neues, eine Ueberraschung, ein Abenteuer, eine Gefahr herbeigeführt hatte, langt Hr. Domenech in Sant=Antonio an. Die Geistlichen daselbst sind Spanier. Aus Mangel an Zimmern weisen sie ihm einen Dachboden an, wo man Gemüse trocknet. Die Möbeln bestehen aus einem Tisch, einem schlechten Bett ohne Matratze noch Strohsack; ein Sarg, zum Gebrauch für die Armen, dient ihm als Sitz, ein kleines Fenster geht auf die Straße nach Mexiko, ein anderes auf den Gottesacker; das Dach hält die brennenden Sonnenstrahlen nicht ab. Da er nicht spanisch kann, findet er wenig Unterhaltung bei seinen Amtsbrüdern. In die Stadt auszugehen ist nicht thunlich wegen der Hitze; in die Umgegend wagt er sich nicht wegen den Indianern, welche den Kolonisten auflauern, um ihnen die Haut abzuziehen, oder sie mit Pfeilen zu durchbohren.

„So war ich denn," sagt er, „auf meinem Dachboden wie in einem Gefängniß, die Hitze erdrückte mich, ich war nicht im Stande zu arbeiten, ich verging vor Langeweile. Durch mein enges Dachfenster schaute ich auf die von der Sonnenhitze versengten Gräber hinab, auf welchen grob gearbeitete hölzerne und steinerne Kreuze verwitterten. Ich ließ meine Gedanken in unbestimmten Wünschen umherschweifen, und, mit Seufzern auf den Lippen, mit Thränen im Auge, betete ich zu dem Gott alles Trostes."

Kaum zwei Monate nach seiner Ankunft in Sant-Antonio fühlt der Abbé seine Kraft gebrochen. Sein Körper ist leidend und seine Seele von tiefer Entmuthigung darniedergebeugt. Er will nach Galveston zurückkehren, aber er hat kein Geld. Er geht ernstlich mit dem Gedanken um, zu Fuß den weiten Weg zu machen, den er nur unter vielen Gefahren auf dem Postwagen hatte zurücklegen können.

In dieser peinlichen Lage führt ihm die Vorsehung seinen Freund und Landsmann, Abbé Dubuis, zu. Dieser vermag den Entmuthigten wieder aufzurichten. Mit Begeisterung schildert er ihm das Glück des Missionärs, sollte derselbe auch nur e i n e verlassene Seele zu trösten und in den Himmel zu bringen im Stande sein. Tief in der Seele bewegt, erneuert der junge Abbé den Entschluß, in seinem Berufe auszuharren, so lange es Gott gefalle. Er verläßt unschwer seinen bisherigen Aufenthalt und folgt seinem Freunde nach Castroville.

Das Haus des Missionärs sieht so aus, daß der ärmste Europäer es nicht zu seiner Wohnung nähme. In den Fugen geht es so auseinander, daß Eidechsen und Schlangen, Ratten, Ameisen, Scorpionen und Taranteln freien Durchpaß haben. Im Garten befindet sich das Grab des Abbé Chazelle, des letzten Gefährten des Hrn. Dubuis. Sein Tod war eine Folge der Entmuthigung, des Heimwehs und des Elendes.

„Der Anblick dieses Grabes, das sich kaum geschlossen, und jetzt schon mit Reseda überwachsen und umduftet war, preßte mir Thränen aus," sagt Abbé Domenech, „ich kniete nieder auf das Ruhebett meines Vorgängers und betete inbrünstig."

Der karge Vorrath des Hrn. Dubuis besteht aus

etwas Schweinefleisch, geräuchertem Speck und einigen Stücken getrockneten Rehfleisches. Dieses Fleisch flößt dem jungen Abbé einen solchen Ekel ein, daß er es mit Pfeffer und Essig dergestalt überschüttet, daß es ihm beinahe den Gaumen verbrennt. Auf die Gefahr hin, von den Schlangen gebissen, oder von den Indianern mißhandelt zu werden, geht er auf die Berge und sammelt etwas wilden Salat, den er mit Milch zubereitet. Eines Tages bekommt er einige Eier, er sammelt Holz, um sie kochen zu können. Auf der Heimkehr klopft er an alle Thüren mit der Bitte um ein wenig Butter und ein wenig Mais, um Brod daraus zu backen. Mit aller Höflichkeit wird er abgewiesen, und nur nach vielen vergeblichen Besuchen und Bitten, erhält er an jenem Tage von einer mitleidigen alten Frau endlich etwas zu essen. Indessen scheint es doch, als ob seine große Jugend den Einwohnern von Castroville einiges Mitleid und einige Theilnahme einflöße. Bisweilen schenken sie ihm etwas Gemüse und frisches Fleisch. Das sind köstliche Gerichte im Vergleich zu dem gedörrten Rehfleisch und dem wilden Salat.

Er sucht sein Elend dadurch zu vergessen, daß er eine Sammlung von seltenen Mineralien und Thieren anlegt. An Schlangen fehlt es da nicht. Sie sind in dem Lande so häufig, daß man darüber hinwegläuft, und oft deren zertritt ohne es zu achten. Die zwei Geistlichen besitzen ein mageres Pferd, das sie auf den Wiesen frei weiden lassen. Als es eines Abends nicht heimkommt, machen sie sich auf den Weg, es zu suchen. Der Eine stellt sich auf einen Posten, von wo man eine weite Strecke überschauen kann; der Andere geht nach rechts und links. Plötzlich bemerkt Abbé Domenech zu seinen Füßen eine Klapperschlange aus dem Grase hervorkriechen. Er flieht davon, aber wie er an seine Sammlung denkt, kehrt er wieder um, wirft dem Thiere eine große Erdscholle auf den Kopf, wovon es betäubt wird, und schnürt es dann mit einer Binde fest um den Hals. Mittlerweile hat Abbé Dubuis das Pferd wieder gefunden, und Beide treten den Rückweg nach Castroville an, der Eine das Pferd ziehend, der Andere die Schlange nachschleppend. Allmälig kommt diese wieder zur Besinnung und setzt sich fürchterlich zur Wehre. Sie setzt alle ihre Klappern in Bewegung und der Abbé hat die größte Mühe, sie heimzubringen, wo es ihrem vereinten Bemühen gelingt, sie zu bemeistern.

Des andern Tages sind ihrer drei bei Tische, die zwei Missionäre und ein junger französischer Kaufmann Namens Karl. Der Küchenzeddel enthält nur zwei Eier! Wie wäre es, wenn wir die Schlange äßen?... Der Abbé Domenech bietet seine ganze Kochkunst auf, und bald kommt die Schlange in Stücke zerschnitten, gar gekocht und mit Pfeffer gewürzt, auf den Tisch. Aber was ist das für ein ekelerregendes Essen!

Die Stelle einer Geldkasse vertritt eine Tabakdose, in welcher sich einige kleine Geldstücke befinden. Sie sind der Ertrag der wenigen Taufen und der wenigen Hochzeiten in der Pfarrei. Eines Tages bringt eine alte Frau ein Halbfrankenstück. „Da nehmen Sie, junger Herr Pfarrer," sagt sie, „und lesen Sie dafür so viele Messen, als Sie können."

Eine Zeitlang haben die beiden Herren nur eine Soutane. Wenn der Eine sie trägt, kann der Andere nicht ausgehen. An einem Sonntag kann Abbé Dubuis nicht predigen, er ist viel zu schwach, da er seit 48 Stunden nichts gegessen hat. Dessenungeachtet vermag nichts ihrem Eifer Einhalt zu thun, sie gründen eine Schule, sie schlichten die Streitigkeiten, sie ermuntern und trösten die Unglücklichen, sie arbeiten unverdrossen an der moralischen und materiellen Verbesserung der Kolonisten.

2. **Die Pistolen des Missionärs. Der alte Deutsche. Die Kirche von Castroville. Abreise.**

In diesen Ländern, wo die Gesetze dem Einzelnen keinen genügenden Schutz gewähren, muß man einen großen Muth und viel Geistesgegenwart zeigen, um sich gegen Willkühr und Mißhandlung zu sichern. Jedermann ist mehr oder weniger bewaffnet. Wofern die Waffen nicht sehr in die Augen fallen, ist man in Gefahr beschimpft zu werden, besonders von den zanksüchtigen Trunkenbolden, deren Klasse sehr zahlreich und gefährlich ist.

Eines Tages stirbt ein solcher im Zustande der Trunkenheit auf offener Straße. Ganz dem Laster der Trunkenheit ergeben, hatte er nie einen Fuß in die Kirche gesetzt. Der Abbé, als Priester und als Bürger von Castroville, versagt jede Betheiligung an dessen Begräbniß.

„Wenn Sie nicht gutwillig ihn begraben wollen," sagen die Verwandten des Verstorbenen, „so werden wir Sie dazu zwingen."

Hierauf zieht der Abbé ganz ruhig seine Soutane aus und sagt zu ihnen: „Jetzt habt Ihr es nicht mehr mit dem Priester zu thun, sondern mit dem Franzosen, der sich Achtung zu verschaffen wissen wird."

„Das wollen wir sehen."

„Ja, wir wollen sehen."

Sie entfernen sich und nach einer halben Stunde kommen sie in großer Anzahl und bewaffnet zurück. Sie wollen den jungen Abbé wahrscheinlich erschrecken. Aber dieser ergreift seine Pistolen, die jedoch nicht geladen sind, öffnet die Thüre und richtet seine unschädlichen Waffen den beiden Vordersten auf die Brust.

„Kommt nicht näher," sagt er, „oder ich feure los."

Sie stehen still, sei es, daß sie eine wirkliche Gefahr fürchteten, oder sei es, daß seine Haltung ihnen Achtung einflößte.

„Wenn der junge Herr droht," sagte Einer aus ihnen

zu seinen Kameraden, „so könnt ihr versichert sein, er wird schießen."

Diese Rede bewegt sie, den Rückzug anzutreten.

Als in Texas die Cholera heftig wüthet und große Verheerungen anrichtet, gehen die eifrigen Missionäre ununterbrochen von Bett zu Bett, und von der Kirche auf den Kirchhof. Sie sehen nichts mehr als Todeskampf, Hinscheiden und Begräbniß. Sie dringen darauf, daß die ärztlichen Vorschriften befolgt werden, sie nehmen sich zugleich des Leibes und der Seele an.

Bald werden sie selbst von der Krankheit ergriffen. Der Arzt ist zu weit entfernt. Was thun? Schnell füllen sie ein Glas mit kölnischem Wasser, mit Kamphergeist, Opium und Pfefferkörnern, und nachdem sie diese scharfe Mixtur in einem Tuche durchgeseihet haben, trinkt Jeder seinen Theil davon. Sie fallen in einen tiefen Schlaf, und bleiben 24 Stunden regungslos. Bei ihrem Aufwachen fühlen sie sich hergestellt, und kehren zu ihrer Arbeit zurück.

Wer vermöchte die Gefahren zu schildern, denen sie sich aussetzen, wenn sie in Ausübung ihres heiligen Amtes die weit entlegenen Kolonien besuchen? Im Norden und Westen von Texas gibt es sehr viele Indianer. Obwohl Nomaden von Natur und aus Noth, haben sie doch auch ihre Niederlassungen, wo sie sich seit mehrern Jahren aufhalten. Die Lagerplätze von Sant-Antonio, von Dhanis und Leona sind errichtet worden, um ihre Einfälle abzuwehren. Aber ihr bloßer Name flößt den Kolonisten Schrecken ein.

Eines Tages verschwinden drei Elsäßer und ein Kind; als man ihre Leichname auffand, waren sie mit Pfeilen durchbohrt und verstümmelt, die Brust des Kindes war kreuzweise durchschnitten und das Herz herausgerissen. Ein andermal findet man nackt an einem Baume aufgeknüpft, eine Frau, die noch einige Lebenszeichen gibt. Zu ihren Füßen sind drei Leichname mit abgezogener Haut und nackt wie sie.

Solche schreckliche Auftritte begegnen so häufig, daß man nur mit Verwunderung das Abenteuer eines guten alten deutschen Priesters lesen kann, dem es eines Tages einfiel, ganz allein den Weg von Friedrichsburg nach Braunsfels zu machen, um naturhistorische Seltenheiten einzusammeln. Er begibt sich eines schönen Morgens auf den Weg. Seine ganze Ausrüstung besteht aus einer doppelten Brille auf der Nase, einer blechernen Büchse über den Schultern, und einigen Mundvorräthen. Schon in den ersten Tagen füllt sich seine Büchse mit seltenen Pflanzen, seine Taschen werden mit Steinen aller Art vollgestopft, sein Hut bedeckt sich mit aufgespießten Insekten, und da er auch mehrere Schlangen getödtet hat, knüpft er sie zusammen um seinen Leib, von dem er sie herabhängen läßt. So schreitet er gravitätisch daher, und sucht immer noch, die Mannigfaltigkeit seines sonderbaren Aufzuges zu vermehren. Als seine Mundvorräthe zu Ende sind und er zu hungern beginnt, richtet er seinen Lauf nach einer lichten Stelle des Waldes, von wo er Rauchsäulen aufsteigen sieht, und geräth mitten in ein Lager von Rothhäuten.

Beim Anblick dieses sonderbaren Spaziergängers erheben die Indianer ein Geschrei des Entsetzens und machen sich davon. Der gute Priester versucht mit den beredtesten Zeichen ihnen begreiflich zu machen, daß er Hungers stirbt. Die Indianer, die sich mit dem unbekannten Genius nicht verfeinden wollen, bringen ihm zitternd Kaffee, Mais und Fleisch, was er wie ein gewöhnlicher Sterblicher verzehrt, und dann ruhig nach Friedrichsburg zurückgeht.

Die Lipaner scheinen früher im Christenthum unterrichtet gewesen zu sein, ihre religiösen Gebräuche legen Zeugniß dafür ab. Eines Sonntags kommen während dem Hochamt 60 Lipaner nach Castroville. Sie ahmen alle Bewegungen der Versammlung nach und sind ganz entzückt. Die Tochter eines Häuptlings, kaum 18 Jahre alt und von ausnehmender Schönheit, wird vor den

Stifter der Kolonie gebracht. Als man in ihrer Gegenwart Klavier spielte, hörte sie mit offenem Munde und unstetem Blicke zu. Hierauf berührte sie das Instrument von außen, beschaute es von oben und von unten, und fing gleichzeitig an zu weinen und zu lachen. Jede Note scheint sie zu elektrisiren und geht ihr jedenfalls tief in die Seele.

Uebrigens ist es etwas sehr Gewöhnliches, bei den Reichen von Texas und Mexico ein europäisches Klavier anzutreffen. Auf einem seiner Ausflüge bemerkt Abbé Domenech, von Hunger und Müdigkeit ganz erschöpft, durch die Tintenbäume und Eichen eine Hütte, in deren Nähe Rinder und Schafe ruhen. Er klopft an und bittet um eine Erfrischung. „Treten Sie herein," antwortet ihm eine arme Frau, „und, während ich Ihnen etwas koche, unterhalten Sie sich auf dem Piano."

Die apostolische Wirksamkeit der beiden Priester erstreckt sich auf die katholischen Soldaten, die in den amerikanischen Regimentern dienen. Auf seinem Wege nach dem Lager von Dhanis und von Leona trifft Abbé Domenech eines Tages eine Gesellschaft an, die von der amerikanischen Regierung beauftragt ist, im Interesse der Wissenschaft und des Handels die Oertlichkeiten zu untersuchen. Diese Gesellschaft von Ingenieuren und Gelehrten interessirt den jungen Priester auf's Höchste; in einem Thale haben sie einen Kaktus gefunden von fünf bis sechs Fuß im Durchmesser; sie führen ein beinahe vollständiges fossiles Mastodon mit sich. Ihre Abenteuer, ihre Entdeckungen, ihre Erzählungen bestimmen den Abbé, einen Tag bei ihnen zuzubringen. Des andern Tages fürchtet er, Abbé Dubuis möchte wegen seiner Abwesenheit in Sorgen sein, und er bittet den Kommandanten, ihm gefälligst ein Pferd leihen zu wollen.

„Aber, was denken Sie," sagt der Kommandant, „in einem Tage 80 Meilen machen? Können Sie gut reiten?"

„Ich versichere Sie," erwiedert der Abbé, „ich werde nicht stürzen, außer wenn das Thier selbst stürzt."

Der Kommandant, um ihn auf die Probe zu stellen, läßt einen Mustang, ein in den Prairien eingefangenes wildes Pferd, kommen. Das Pferd, obwohl von den Soldaten gehalten, springt in die Höhe und auf die Seite, und geberdet sich fürchterlich. Der Abbé springt mit einem Satz in den Sattel. Das Pferd eilt davon, den Hügel hinunter und durch den Fluß unter dem Hurrah der Soldaten. Der Reiter ist ganz geblendet, er vermag nur den unaufhaltsamen Lauf des Mustang zu lenken. Auf seinem Wege durch Pantherfelle, die an der Sonne trocknen, erschreckt, stürzt das Pferd durch ein offenes Thor in einen Hof hinein, in welchem ganz ruhig einige Stiere wiederkäuen. Aber jetzt fangen diese fürchterlich an zu brüllen, und das erschrockene Pferd setzt mit einem ungeheuren Sprunge über die Einfriedigung hinweg. Der Abbé hält sich fest im Sattel und durchfliegt den Raum noch schneller als zuvor. Endlich in der Nähe von Quihi, erschrickt das Pferd beim Anblick einer Klapperschlange, die sich vor ihm emporrichtet, es stolpert über einen Baumstamm und bricht ein Bein. Der Abbé zieht es am Zügel nach und macht die noch übrigen 12 Meilen nach Castroville zu Fuß.

Die Kirche von Castroville war eine kleine Hütte aus Holz und Lehm, in der nur wenige Familien Platz fanden; die übrigen Gläubigen wohnten außerhalb dem Gottesdienst bei. Ein Schweizer Ansiedler gab eine Glocke her, die seine Kuh am Halse getragen hatte; man improvisirte einen Kirchthurm, indem man über dem Kirchendach vier Pfähle verband und ein Kreuz darauf setzte. Wie klein auch die Glocke war, die Luft ist in Texas so rein, daß man den Silberklang weithin in der Ebene und auf den Höhen vernahm, besonders am Morgen und am Abend. Der Abbé Domenech drechselt Blumengefäße aus Holz, und füllt sie mit Blumen, die er auf der Flur und im Wald gepflückt hat; mitten aus dem Grün erstrahlt das Kerzenlicht.

„O in den schönen Kirchen Frankreichs," sagt er, „wird das Auge von dem Gold, den Kristallen, dem Sammt und dem Lichtglanz geblendet und die Einbildungskraft beschäftigt; hier aber spricht Alles zum Herzen; der Mensch scheint unmittelbarer unter der Obhut seines Schöpfers zu stehen."

Die Frömmigkeit der Gläubigen, ihr aufrichtiges und rührendes Vertrauen, ist die einzige Belohnung der zwei Missionäre, die fortwährend in vollkommener Entsagung und völliger Armuth leben. Die Selbstverläugnung, die Uneigennützigkeit, die Hingebung und das Gottvertrauen, das krönt den katholischen Missionär mit Erfolg bei der Predigt des Evangeliums. Die menschliche Hilfe fehlt ihm, aber Gott beschützt ihn sichtbar und belohnt seine Mühen und Arbeiten. Der Priester der auswärtigen Missionen kann mit seinem göttlichen Meister sagen: Mein Reich ist nicht von dieser Welt. Er weiß, daß es für ihn nicht bloß im Urwald Dornen gibt, und Leiden auf verlassenen Küsten; aber Gott, der sich des Sperlings auf dem Dache und der Lilie auf dem Felde annimmt, gibt dem Menschen, der auf Ihn vertraut, noch etwas Kostbareres als bloß das tägliche Brod: den Glauben, die Hoffnung und die Liebe. Mit diesem Schatze fürchtet man keine Armuth, keinen Mangel, keine Lebensstürme.

Eines Tages fassen die zwei Missionäre den kühnen Entschluß, eine Kirche zu bauen. Die Kirche ist für die Kolonie eine Nothwendigkeit und soll zu ihrer Hebung dienen. Der Abbé Domenech macht einen Plan, entwirft eine Zeichnung, berechnet die Auslagen, und um Geld zu bekommen, entschließt er sich, solches zusammenzubetteln, sollte er auch alle Vereinigten Staaten durch=

wandern müssen. Sein Freund Karl, der junge französische Kaufmann wird ihn begleiten.

Eines Abends sagen sie dem Abbé Dubuis Lebewohl und reisen ab. Ihr Nachtlager nehmen sie unter den Steineichen von Leona. Die Pferde werden abgesattelt und an Bäume festgebunden, die von reichem Graswuchs umgeben sind. Sie selbst hüllen sich in ihre Decken und legen sich in's Gras.

„Die Nacht war prächtig," sagt Abbé Domenech, „der schöne tropische Himmel sandte ein blasses, sanftes Licht von seinen Millionen Sternen herab. Kein graues Wölklein störte das reine, tiefe Blau dieses unermeßlichen Domes mit seinen goldenen Lichtlein. Ein sanfter Wind wehte durch die Blätter und wiegte uns in angenehme Kühlung. Ich hatte in einem neuern Dichter gelesen, wie schön es sei, eine tropische Nacht im Freien zuzubringen, auf einem Rasenteppich, in der lauwarmen Luft, von Wohlgerüchen umweht, und eingewiegt in süße, herrliche Träume. Gewiß, die Luft war angenehm, die Nacht majestätisch, der Himmel glänzend, aber der Teppich, der war entsetzlich hart. Ich mochte mich legen wie ich wollte, ich fand vor Schmerz keine Ruhe, und blieb nothgedrungen wach und zum Träumen wenig aufgelegt. Auch die Insekten waren wach, und stachen mich fürchterlich. Andere größere Thiere schlichen in der Nähe umher, die Wölfe heulten, die Panther und Tiegerkatzen miauten, die Schakale bellten. Ich wußte wohl, daß diese Thiere den Menschen fürchten und ihn nicht angreifen, außer der Hunger zwinge sie dazu. Dessenungeachtet schlug mein Herz viel rascher als gewöhnlich. Endlich, um das Maß voll zu machen, wurde ich vom Nachtthau verkältet. Da wir aus Furcht vor den Indianern kein Feuer angezündet hatten, setzte mir die Feuchtigkeit zu und ich litt fortwährend an Fieberschauern. Das Alles war erbärmlich prosaisch, und ich schloß daraus, daß der Dichter, der das Vergnügen einer solchen Nacht rühmte, nur in einem Fauteuil und an einem guten Feuer daran gedacht haben konnte."

Gleichwohl schlief Karl, und zwar sehr fest. Während dieser ganzen mühevollen Reise verließ ihn nie die heitere Laune, welche den Franzosen so eigen ist, und die sie selbst in den gefährlichsten Augenblicken des Lebens nicht verlieren.

3. Eine angstvolle Nacht. Rückkehr nach Castroville. Ostern. Kirchweihe. Rückkehr nach Frankreich.

Die zwei Reisenden besuchen der Reihe nach Viktoria, Lavaca, Galveston, wo die Freunde des Bischofs zusammensteuern, um den Abbé Domenech mit einem Ueberrock, mit Hemden und Schuhen zu versehen.

Ueberall sammelt er für seine Kirche, überall empfängt er entweder Geld, oder Gewänder, oder Stoffe, um deren daraus zu machen. In Notchez in Thibaudeauville besucht er einige katholische Familien, und erhält auch da etwas. In Neu-Orleans vernimmt er, daß die Cholera neuerdings in Castroville wüthe, und daß der Abbé Dubuis mit Arbeit überladen sei. Sogleich trifft er Anstalt, seinem lieben Amtsbruder zu Hilfe zu eilen.

Was für eine Rückreise wird das werden! Der Regen fällt in Strömen und hat die Wege ungangbar gemacht. Sie hatten sich einen Wagen und einen Führer verschafft, um die Blumengefäße, die Kirchengewänder, die Leinwand und die übrigen Geschenke fortzubringen. Die Nacht bringen sie unter diesem Wagen zu, der sie keineswegs schützt. Sie kommen um ein Pferd, sei es, daß es verloren ging oder gestohlen wurde; der Abbé setzt sich auf das Uebriggebliebene, und Karl steigt in den Wagen.

Bei der letzten Rast nach Kämpfen und Mühen aller Art, werden sie von der Nacht mitten im Walde überfallen. Ihr Führer hüllt sich unbekümmert in seine Decke und legt sich auf die Kisten im Wagen.

„Karl und ich," sagt Abbé Domenech, „saßen auf unsern Sätteln an einen Baum gelehnt, und die Füße im Wasser. Das Ungewitter wurde immer heftiger, der Donner rollte unaufhörlich, der Blitz durchkreuzte an einem fort die Luft, während der Sturm die Bäume des Waldes wüthend gegeneinander stieß. Die Schlaflosigkeit, die Kälte, der Hunger verursachten mir das Fieber. Meine zerrüttete Gesundheit, meine aufgeriebenen Kräfte vermehrten für mich die Gefahren einer solchen Nacht. Ich zitterte vor Frost, während ein glühender Schweiß über mich herabrann. Ein seltsames Ohrenbrausen und Blutbrechen stellte sich ein, und machte mich immer schwächer."

„Karl," sagte ich zu meinem Freunde, der halb eingeschlafen war, „wenn ich hier verweile, ist es um mich geschehen, ich will meinen Weg fortsetzen."

„Wie unklug!" erwiederte Karl; „Sie kennen ja den Weg nicht, Sie werden sich verirren."

„O," sagte ich, „Schlimmeres als was ich hier leide, kann mir nicht begegnen."

„Ich sattelte mein Pferd und suchte einen Ausgang. Die Blitze, mein einziges Licht, zeigten mir keinen. Die Dunkelheit, der Blitz, die Krankheit, die Einöde, Alles stürmte auf mich ein, ich war allein, ohne Führer, ohne Weg, ohne Kraft. Ich warf einen Blick gen Himmel, einen Blick, der Alles sagte, was mich bewegte. Ich vertraute auf den Schutz des Allerhöchsten und ließ mein Pferd gehen, wohin es wollte. Plötzlich steht es still, horcht auf, wird unruhig und schnaubt erschrocken.

„Ein schreckliches Geheul läßt sich hören und in einer Entfernung von 20 Schritten funkeln zwei flammende Augen. Ich erblickte einen Tiger oder einen Panther, vielleicht mehrere, denn mein Kopf, vom Schwindel erfaßt, ließ mich überall feurige, auf mich gewandte Augen sehen. Ich hatte nur zwei Pistolen. Die Dunkelheit und das Fieber hinderten mich, recht zu zielen, ich schoß in die Luft. Mein Pferd außer sich vor Schrecken, bäumte sich, aber ich blieb fest im Sattel, und es eilte wie ein Blitz davon. Bald hörte ich Wassergeplätscher unter seinen Tritten und fühlte die nasse Kälte, die mich an den Füßen ergriff und bei jedem Schritte höher stieg. Mein Pferd bis an die Brust im Wasser, stand auf einmal still und unbeweglich wie Marmor.

„Ich wartete auf einen Blitz, um zu sehen, wo ich wäre; bei seinem flüchtigen Scheine sah ich vor mir einen vom Regen gebildeten See. Da ich gar kein Gras an der Oberfläche wahrnahm, schloß ich, er sei zu tief, als daß ich den Durchgang erzwingen könnte. Ich kehrte also um. Da ich mich aber nicht in den Wald zurück= wagte, stieg ich vom Pferde, lehnte mich an einen Baum, bis an die Knie im Wasser, hielt meine Pistolen in der Hand, sie unter der Decke verbergend, und stellte mich so den Panthern entgegen, die wieder gekommen waren. Aber sie schlichen um mich herum, ohne in die Nähe zu kommen, und stießen ein fürchterliches Geheul aus. Mein Pferd war dergestalt in Furcht, daß es, obwohl nicht angebunden, unbeweglich mir zur Seite stand. Jetzt erfolgte ein furchtbares Krachen, und ein Feuerregen ergoß sich nur 15 Meter von mir weg. Der Blitz hatte gezündet und das Gras in Brand gesteckt. Das Feuer griff um sich und schon fürchtete ich meinen Zu= fluchtsort verlassen zu müssen, als der Regen es aus= löschte. Endlich wich diese grauenvolle Nacht dem sanf= ten Lichte des anbrechenden Tages. Ich setzte mich wieder in Marsch, mein Pferd schwankte und stolperte wie ein Betrunkener. Mehrmals wollte ich herabsteigen, um es ihm leichter zu machen, aber ich vermochte mich nicht auf den Beinen zu halten. Ganz entmuthigt strecke ich mich auf das Gras aus, um meine Kleider an der Sonne zu trocknen. Meine Hände waren weiß und run= zelig wie die Haut eines Ertrunkenen.

„Eine Stunde später gewahrte ich einen Wagen und

erkannte unsern Führer sammt Karl, die auf den Kisten schliefen. Es war mir, als käme ich aus einer andern Welt. Ich war so glücklich über das Wiedersehen, daß ich sie aufweckte, um sie zu umarmen."

Endlich ist Abbé Domenech wieder in Castroville; er kommt mit 2000 bis 3000 Franken dahin zurück. Immer unterstützt von Abbé Dubuis ist er nun bald Zimmermann, bald Schreiner, Maurer, Maler, Bildhauer und Baumeister. Und mitten unter diesen mühevollen Anstrengungen, vernachläßigen sie keine ihrer Berufspflichten. Die Schulkinder lernen bis Mittag, dann holen sie Wasser und Sand, um Pflaster zu machen. Aus Neugierde und aus Theilnahme leihen die Ansiedler ihren Beistand. Menschenarme ersetzen die Maschinen, um Balken und Steine in die Höhe zu heben.

An Ostern des Jahres 1850 erscheint die Kirche in vollem Glanze. Dieser Erfolg übertrifft die Erwartung der beiden Missionäre, hat aber auch ihre ganze Kraft aufgezehrt. Sie begeben sich nach Galveston, und bitten ihren Bischof um die Erlaubniß, nach Frankreich zurückkehren zu dürfen.

„Nicht ohne Schmerz," sagt Abbé Domenech, „verließ ich diese kräftige, reiche, üppige Natur, in deren Mitte ich so verschiedene Eindrücke erhalten hatte. Ich konnte mich der Thränen nicht enthalten, als ich von meiner armen Hütte schied, in welcher Wind und Regen Einlaß hatte, das Gras emporwuchs und die Insekten wimmelten. Seufzer der Rührung preßten meine Brust. Beim letzten Blick auf mein Lager, auf dem ich so oft unter dem Sternenhimmel eingeschlafen war, dachte ich noch einmal an die langen Träumereien, welche mir die Stunden des Stillschweigens, der Ruhe und der Dunkelheit versüßt hatten; an den Lufthauch, der mit den Wohlgerüchen des Waldes meine glühende Stirne kühlte; an den Klageton des Paradiesvogels, des Witta, wie ihn die Eingebornen nennen, dessen einförmiges und melancholisches Geschrei das Murmeln des Baches und das Säuseln der Blätter übertönt. Ich weinte wie ein Kind, als ich Abschied nahm von dem einsamen Grabe des Abbé Chazelle, als ich zum letzten Mal auf die Reseda hinkniete, die es mit ihrem Wohlgeruch bedeckten, als ich dachte, daß meine Hand nicht ferner es besorgen, und mein Mund kein Gebet mehr darüber sprechen würde."

Der Bischof von Galveston wollte nicht zwei Missionäre auf einmal verlieren, er bedurfte ihrer mehr als je, denn mehrere Priester waren gestorben, und so eben noch hatte ihm die Cholera einen dahingerafft. Dem Abbé Domenech erlaubte er abzureisen, dem Abbé Dubuis, sich zu erholen.

Der Abbé Domenech geht den Mississippi hinauf bis Cairo, dann den Ohio bis Cincinnati; er übersetzt den Eriesee, besucht die schönen und großartigen Wasserfälle des Niagara; kommt nach Canada und schifft sich in New-York nach England ein. Nach einer vierzehntägigen Ueberfahrt ist er in Southampton, sieht London, schifft sich wieder ein und noch denselben Abend begrüßt er die Küsten von Frankreich.

Zwei Tage später langt er Abends 10 Uhr in Lyon an und klopft an der Thüre seiner Mutter.

„Wer ist da?"

„Ich bin's."

„Emmanuel!"

„Mutter!"

Am folgenden Tag besucht er seine Verwandten und Freunde, aber er ist genöthigt, ihnen zu sagen und zu beweisen, wer er ist. Dieser abgezehrte, blasse Mann mit eingefallenen Wangen und runzeliger Stirn, den sie jetzt vor sich sehen, ist er wohl derselbe, der sie vor kaum vier Jahren in voller Kraft und Jugendblüthe verlassen hatte?

Nur das Mutterherz hat den armen Missionär wieder erkannt!

4. Heimweh nach der Mission. Das Almosen Pius IX. Brownsville. Das Lynchgesetz. Der Sheriff.

Sonderbares Geschick! In der Fremde hatte Abbé Domenech nur Gefahren und Mühen ausgestanden, wachend und träumend hatte er seiner Heimath, seiner Freunde, seiner Mutter gedacht, und jetzt — nach vierjähriger Abwesenheit nach Lyon zurückgekehrt, wieder im Besitze seiner Familie und seiner Freunde, vermag er sich den europäischen Gewohnheiten nicht mehr anzubequemen; er vermißt die großartigen Naturscenen, die großartigen Gemüthsbewegungen. Die Missionen haben für ihn nicht mehr den Reiz des Unbekannten; er kennt die herben Prüfungen und Leiden dieses vereinsamten Lebens. Aber das gesellschaftliche Leben, die persönlichen Interessen, die beschränkten Vorurtheile, all' die Gebrechen und Armseligkeiten der civilisirten Welt scheinen ihm ganz unerträglich. Seine armen Kolonisten von Texas, von ihm belehrt, unterrichtet, geleitet, getröstet schweben ihm stets im Sinne. Er will die begonnene Aufgabe vollenden und faßt den Entschluß zur abermaligen Hinreise. Seine Gesundheit ist immer noch schwach, seine Kräfte sind nicht zurückgekehrt, aber sein Eifer und sein Gottvertrauen ermuntern und kräftigen ihn.

Er hat nichts, aber das hält ihn nicht auf. Man gewährt ihm freie Ueberfahrt. Vorerst aber will er seine liebe Mission von Castroville dem Papste anempfehlen. Er schifft sich nach Civita-Vecchia ein, und legt den übrigen Weg nach Rom, wie die Soldaten, in Tagmärschen zurück. Er kommt in den Vatikan und wird von dem heiligen Vater vorgelassen.

Mitleidig lächelnd sagt Pius IX.: „Da Sie auf Rechnung der Vorsehung reisen, so ist es billig, daß deren Stellvertreter die Reisekosten bestreite." Eine Geldrolle begleitet diese rührenden Worte.

Nach diesem Besuche bei dem erhabenen Kirchenober=
haupte, schifft sich Abbé Domenech, von neuem Eifer
beseelt und begeistert, zum zweiten Male nach Amerika
ein. Fabelhafte Unfälle scheinen ihm die Erreichung
seines Bestimmungsortes unmöglich zu machen; aber
Gott wacht über ihn und nach zweimonatlicher Fahrt
sieht er die Pappeln, die Sycomoren, die Lianen und
andere tropische Pflanzen in aller Pracht ihrer glän=
zenden Schönheit wieder. Eine herbe Täuschung er=
wartet ihn in Galveston; statt nach Castroville sendet
ihn sein Bischof nach Brownsville an der westlichen
Grenze von Texas. So muß er seinen theuren An=
siedlern, seiner kleinen Kirche und seinem vortrefflichen
Freund und Mitbruder Abbé Dubuis, auf immer Lebewohl
sagen.

Gott will es! Diese drei Worte umstrahlen das
Opfer des Priesters, der seinen Willen, seine Neigungen,
seine Hoffnungen einem höhern Befehl unterwirft; diese
drei Worte sind der Friede seiner Seele.

Wir müssen also dem Hrn. Domenech nach Browns=
ville folgen, wo er zwei Jahre in Ausübung seines
apostolischen Amtes verweilt. Viele Dörfer und Städte
längs dem Rio=Grande gehören zu seiner Mission. Die
Stadt selbst besteht seit wenigen Jahren, ist sehr vor=
theilhaft für den Handel gelegen und zählt eine beinahe
ausschließlich mexikanische Bevölkerung von fünf bis
sechstausend Seelen. Die Kirche ist ein Bretterhaus
und faßt 200—300 Personen; die Wände sind mit
baumwollenen Tüchern behangen. Das Pfarrhaus, an
die Kirche angebaut, besteht aus vier Gemächern, deren
eines als Sakristei benutzt wird. Auch nicht ein Möbel
verschönert die arme Behausung, und der Abbé sieht sich
die erste Nacht genöthigt, auf dem Boden zu schlafen.
Am andern Morgen zieht ihn ein Offizier der Besatzung
an seinen Tisch, stellt ihm seine Börse zur Verfügung
und versieht ihn mit dem Nothwendigsten. Diese lieb=

reiche Unterstützung versüßt ihm die Prüfungen und Entbehrungen der ersten Tage.

Uebrigens hat er hier nicht mehr, wie früher, mit Hunger und Noth zu kämpfen; seine Thätigkeit richtet sich gegen die Unwissenheit, den Aberglauben, die Unsittlichkeit, gegen eine unglaubliche religiöse Gleichgültigkeit. Seine neuen Pfarrangehörigen haben gar keinen Begriff von der edlen Selbstaufopferung eines Missionärs; die Meisten halten ihn für einen aus dem Vaterlande Vertriebenen.

„Was haben Sie denn angestellt, daß man Sie hieher schickte?"

„Niemand hat mich geschickt, ich komme aus freien Stücken."

„Wie, Sie mußten Frankreich nicht um eines großen Vergehens willen verlassen?"

„Nicht im Geringsten. Ich bin gekommen, um Euch zu unterweisen. Wenn ein Priester sich schlecht aufführt, so belegt ihn die Kirche mit dem Banne, aber sie schickt ihn nirgends hin."

„So sind Sie denn hieher gekommen, wie die Soldaten in den Krieg gehen, um befördert, um Bischof zu werden."

„Noch weniger, denn das bischöfliche Amt ist eine Bürde, nach der ich gar nicht verlange."

Ungläubig schütteln sie den Kopf.

Die Nachricht von seiner Ankunft verbreitet sich bald in der Umgegend von Brownsville. Er ladet alle Pfarrangehörigen zu sich ein, um ihre geistigen Bedürfnisse schneller kennen zu lernen. Am Sonntag erscheinen einige Katholiken, aber während der Woche ist er gänzlich allein in der Kirche. „Ich läutete zur Messe," sagt er, „aber meistens war ich so ganz allein, daß ich nicht einmal einen Meßdiener hatte."

Die Amerikaner an der Grenze von Texas sind ein seltsames Volk. Neben solchen, die sich durch Ver=

stand, Kenntnisse und ehrenhaften Charakter auszeichnen, gibt es Individuen, deren Rohheit und Schlechtigkeit jeden Begriff übersteigt. Bankerottirer, entlaufene Sträflinge, Soldaten u. f. w. suchen hier unerlaubten Gewinn. Die großen Städte der Union haben eine Polizei, aber an den Grenzorten umgeht man die Gesetze und widersetzt sich ihnen. Das Lynchgesetz war damals in Brownsville in voller Kraft und das einzige Mittel, um Bösewichter einzuschüchtern.

Bei einem nächtlichen Tanze fängt ein betrunkener Amerikaner mit einem Mexikaner Streit an und versetzt ihm einen Messerstich; die Tänzer verfolgen den Mörder und ergreifen ihn in dem Augenblicke, da er sich in den Rio-Grande werfen will, um auf das jenseitige Ufer zu entkommen. Er wird geknebelt und die ganze Nacht scharf bewacht. Am folgenden Tag ruft die Trommel die ganze Bevölkerung zusammen. Ein Mann tritt aus der Versammlung bei Seite und ruft mit starker Stimme: „Wer für den Tod des Schuldigen stimmt, trete zu mir herüber, die Uebrigen bleiben, wo sie sind."

Nach einstimmig erfolgter Verurtheilung wird der Schuldige auf einen Karren gebunden, und der Zug bewegt sich, in Ermangelung einer Richtstätte, dem Schlachthause zu. An der Stelle, wo die Schlachtthiere in die Höhe gezogen werden, hält der Karren an. Der Verurtheilte wird losgebunden, und da die andern sich unbehilflich zeigen, macht er selbst den Knoten und legt sich den Strick um den Hals. Hierauf spricht er zur Volksmenge: „Die Trunkenheit ist die einzige Ursache meines Verbrechens. Ich bitte euch nur um eine Gnade: thut meinen Namen nicht in die Zeitungen, auf daß mein trauriges Loos meiner Mutter so lange als möglich verborgen bleibe." Nach diesen Worten, die einen tiefen Eindruck auf die Zuhörer machten, treibt er die Pferde an, der Karren geht ihm unter den Füßen weg, und er baumelt in der Luft. So war die Volksjustiz mit ihrer Rache dem Tode des Mexikaners vorangegangen, denn dieser starb erst den Tag nach der Hinrichtung seines Mörders.

Mit der vollziehenden Strafgewalt sind Leute betraut, deren berüchtigte Vergangenheit die Verwegensten und Widerspenstigsten einzuschüchtern im Stande ist; und hätte man in Brownsville alle Diejenigen hängen wollen, die den Galgen verdienen, so hätte man mit diesen anfangen müssen; der Sheriff wäre zuerst gehängt worden.

Dieser Sheriff ist ein Mann von wildem Aeußern und hohem Wuchs. In seinem Gürtel trägt er einen sechsläufigen Revolver und in der Hand einen Ochsenziemer. Verfolgt er einen Bösewicht, so kann man darauf zählen, daß derselbe nicht wieder zurückkommt, denn er selber vollzieht das Urtheil an ihm. Um den Sträflingen das Entkommen aus dem Gefängniß unmöglich zu machen, hält er zwei furchtbare Bluthunde, die zur Nachtzeit in dem Hofraume des Gefängnisses frei herumgehen. Traf es sich, daß der Abbé in Ausübung seines heiligen Amtes an diesem Orte vorbeikam, so stürzten die wilden Hunde über die Einfriedigung hinweg und verfolgten ihn unter wüthendem Gebell. Er beklagt sich darüber beim Sheriff, aber dieser fertigt ihn grob ab.

„Mein lieber Sheriff," sagt der Abbé, „das erstemal, daß eure Hunde mich wieder angreifen, werde ich sie tödten."

„Wie! wirklich!" erwiedert der Sheriff spöttisch und ungläubig.

Einige Tage später wird der Abbé um elf Uhr Nachts an das Lager eines Sterbenden gerufen. Er nimmt seine Pistolen und seinen Bleistock mit. Der Weg führt ihn bei hellem Mondschein an dem Gefängniß vorbei. Die Hunde stürzen auf ihn los. Aber in einem Augenblicke hat der Abbé dem einen die Hirnschale, dem andern die Kinnlade zerschmettert.

Am folgenden Morgen kommt der Sheriff ganz entrüstet zu ihm.

„Sie haben meine Hunde getödtet?"

„Ja, und mit Recht, ich habe Euch ja vorher gewarnt."

Der Sheriff erhebt seine Peitsche, aber der Abbé, der alle seine Bewegungen überwacht, fällt ihm in den Arm und hält ihm die Mündung seiner Pistole entgegen.

„Sheriff, ich bin kein Mexikaner, und wenn euer Leben Euch lieb ist, so geht mit mir doch auch anständig um."

Die Peitsche entfällt den Händen des Herkules, er wird todtenblaß und versucht zu lächeln.

„Nun wohlan," sagte der Abbé, „gebt mir die Hand, und bleiben wir Freunde."

„Zum Henker!" erwiedert der eingeschüchterte Sheriff, „Sie sind entschlossener, als ich dachte."

Dieser Sheriff ist der Schrecken der ganzen Stadt. Als die wachsende Bevölkerung die Bildung eines neuen Stadtviertels erheischte, und hiefür die Versetzung vieler Häuser nöthig wurde, um die Gassen rechtwinklig anlegen zu können, betraute man ihn mit der Ausführung dieses Planes. Er ließ sogleich bekannt machen, daß in acht Tagen alle nicht in der vorgeschriebenen Reihe stehenden Häuser niedergerissen würden. Jetzt begegnete man nur mehr wandernden Häusern, die einen bewegten sich vorwärts, die andern rückwärts; man schob sie vermittelst großer Walzen von einer Stelle zur andern. Bei jedem Augenblick stießen Häuser aufeinander, die Circulation war gehemmt, Geschrei, Zank und Zwist überall. Am festgesetzten Tag kommt der Sheriff; zwanzig mit Beilen bewaffnete Männer begleiten ihn. Die Häuser aus Schilfrohr, aus Baumästen, alle die nicht fortbewegt werden konnten, werden unnachsichtlich niedergerissen; keinem wird die Frist auch nur um einen Tag verlängert.

Eine andere Merkwürdigkeit in den Gebräuchen von Texas ist die Leichtigkeit, womit man von einem Gewerbe zum andern übergeht. Prüfungen, Zeugnisse, Diplome sind hier unbekannt. Der Kaufmann kann seinem Beruf entsagen, um nach Belieben Richter, Arzt, Advokat, oder etwas anderes zu werden. Nicht selten treibt Einer mehrere Gewerbe zugleich. Die Obrigkeit gewährt der öffentlichen Sicherheit durchaus keine Bürgschaft. Die Partheilichkeit der Richter ist empörend. Gegen die Irländer und Mexikaner übt man eine Strenge, die dem Kasten- und Religionshasse nahe kommt.

„Ich sah," sagt Abbé Domenech, „in Brownsville Mexikaner, die halbnackt an die Thüren des Gefängnisses festgebunden waren und unbarmherzig mit Ochsenziemern geschlagen wurden. So mißhandelt entließ man sie ohne jegliches Urtheil. Mehrere sind an den Folgen dieser grausamen Mißhandlung gestorben."

Die Arzneikunde hat nicht bessere Vertreter als die obrigkeitliche Behörde. Der Arzt, welcher in Brownsville die meisten Kranken hat, ist ein Eingeborner der Vereinigten Staaten. Um ein Bein zu amputiren, bedient er sich der Säge eines Metzgers. Der Patient stirbt noch bevor die martervolle Operation zu Ende ist. Dieser Doktor tödtet so viele Leute und so schnell, daß das öffentliche Gerede ihn nöthigt, eine andere Profession zu ergreifen. Er läßt sich zum Abgeordneten auf den Kongreß wählen. So bald die Sitzungen geschlossen sind, kommt er zurück und wird wieder Doktor. Endlich meldet er sich für eine erledigte Richterstelle.

Ueber die Methodisten und Presbyterianer schreibt Abbé Domenech: „Die protestantischen Pastoren sind der Ausbreitung des Katholizismus in Texas kein Hinderniß; denn sie treten viel zu heftig den katholischen Priestern entgegen, und die Heftigkeit und Gewaltthätigkeit ist nie ein gutes Mittel gewesen."

5. Matamoras. Spielleidenschaft. Reise auf dem Rio=Grande. Zwischen Leben und Tod.

Um sich ein noch genaueres Bild von dem mexikanischen Leben zu verschaffen, bittet der Abbé den Konsul, ihn nach der jenseits des Rio=Grande gelegenen Stadt Matamoras zu bringen. Was ihm hier am meisten auffällt, sind die an den Ufern des Flußes wohnenden Rancheros. Diese Rancheros sind Bauern, die bei einem weichlichen und müßigen Leben, große Fertigkeit auf der Mandoline und Guitarre besitzen. Ohne je die Musik gelernt zu haben, spielen sie ihr Instrument mit vielem Geschmacke. Sie besitzen übrigens ein feines Gefühl für Naturschönheiten, und ihre Sprache ist edel und voll naiver Poesie. Als wandernde Sänger gehen sie, singend und spielend, von einem Bauernhof zum andern.

Eine andere Eigenthümlichkeit der Mexikaner ist ihre leidenschaftliche Liebe für das Spiel. Hat Einer all' das Seinige verloren, so spielt er noch um seine Freiheit auf fünf, zehn, zwanzig Jahre; oft auf lebenslänglich. Der so zum Sklaven gewordene muß ausschließlich seinem Herrn dienen, wogegen dieser für seinen Unterhalt sorgt. Herr und Sklave tragen in der Regel ähnliche Kleidung.

Einen Monat nach seiner Ankunft in Brownsville tritt der Abbé eine Kundschaftsreise in diesem neuen Gebiete an. Er trifft mit Juden und Protestanten zusammen und macht durchgängig die Beobachtung, daß der französische Missionär in Amerika sich leicht Viele derselben geneigt machen kann, wofern er mit Güte und Zutrauen ihnen begegnet.

Eines Tages verirrt er sich ganz allein in ein Dickicht, wo die Zweige und Dornen ihm Gesicht und Hände verwunden und seine Kleider zersetzen. Auf einmal steht er einer Gruppe von sechs Indianern gegenüber, die roth und blau bemalt und mit Pfeilen bewaffnet sind. Schon fürchtet er für sein Leben, aber sie gehören glücklicherweise zu den Sanften, und lassen ihn weiter ziehen, ohne ihm ein Leid zuzufügen.

In Camargo bringt er den Sonntag zu und wohnt daselbst dem Hochamt bei. Während demselben spielt die Musik, die freilich etwas sonderbar zusammengesetzt ist: eine große Trommel, eine Posaune, zwei Klarinetten und mehrere Geigen. Noch größer wird seine Ueberraschung, als dieses sonderbare Orchester die Marseillaise zu spielen anhebt. An diesem Orte und während dem Gottesdienste die Marseillaise! — Diese Melodie scheint übrigens in ganz Amerika volksthümlich zu sein, denn bei vielen Anlässen wurde unser Abbé in Gesellschaften aufgefordert, dieselbe anzustimmen.

Auf der gleichen Rundreise wohnt er zufällig einer Hochzeit bei. Man bringt ihm Bilder, Medaillen, Kreuze und Rosenkränze zum Segnen. Jeder Eigenthümer eines solchen Gegenstandes wählt zu dieser Segnung zwei Zeugen, die eine Art Pathenstelle vertreten, und wodurch er das Recht erlangt, bei ihnen und sogar bei ihren Freunden sich ohne Umstände nach Belieben zu Gast zu laden.

Endlich nach vielen Mühen und Gefahren kommt der Abbé abgemagert, mit zerrissenem Gewand und gebräuntem Gesicht, wieder nach Brownsville. Er wird krank, und vierzehn Tage lang schwebt er zwischen Leben und Tod. Ein armer Irländer vergißt die eigene Noth, um ihn liebevoll zu pflegen. Die Krankheit geht vorüber, aber der Abbé bleibt schwach und ist um zehn Jahre älter geworden.

Ansteckende Krankheiten herrschen in der Gegend, und ungeachtet seiner Schwäche muß er bei Tag und Nacht seines Amtes walten. Oft steigt er zu Pferde, ohne sich nur Zeit zum Essen zu gönnen. Die Hitze ist unerträglich. Zudem verliert er noch seinen einzigen Freund, den jungen Officier, der ihn so liebreich aufgenommen,

und all das Seinige ihm zur Verfügung gestellt hatte;
er verreist nach den Vereinigten Staaten. Jetzt befindet
sich der arme Missionär ganz allein, ohne Freund, ohne
Trost, ohne Aufmunterung. Gott will es so. Er wirft
sich vor einem Bilde des Gekreuzigten nieder, er denkt
an die vielen Leiden, die auf der Menschheit lasten,...
das Gebet,... der Aufblick zum Himmel allein gewährt
einigen Trost....

6. Die Sekte der Vandoux. Predigt. Osterkommunion. Heimkehr.

Unter den verschiedenen religiösen Sekten machen sich
die Vandoux durch ihre große Verbreitung bemerklich.
Sie kommen ursprünglich aus Afrika, besitzen Geheimlehren über die Eigenschaften gewisser Pflanzen, bedienen sich wohlriechender Gifte, deren Wirkung sehr verschieden ist; die einen tödten langsam, die andern blitzschnell, wieder andere rauben mehr oder minder den
Gebrauch der Vernunft.

Eines Tages wird ein Europäer von den Vandoux
zum Mittagessen eingeladen. Unter der Maske der Gastfreundschaft verbargen sie ihre hinterlistige Rachsucht. Gegen Ende des Mahles wird der unglückliche Gast von
Schwindel und heftigen Kopfschmerzen ergriffen; er hat
den Verstand verloren. Lange Zeit nachher, in einem
lichten Augenblicke, läßt er den Vandoux die versäumte
Genugthuung zukommen, und wie durch Zauber erhält
er seine Vernunft wieder.

Auch Zauberinnen gibt es in Menge, welche die Leichtgläubigkeit der armen Mexikaner ausbeuten. Umsonst
erklärt der Abbé die Mittel und Künste, deren sie sich
bedienen; es gelingt ihm nicht, ihr Ansehen stark zu
erschüttern.

Die meisten großen Stämme des ehemaligen Reiches
von Mexiko hatten Hausgötter. Man findet jetzt noch

ganze Massen von kleinen Figuren und Statuen aus gebrannter Erde, Marmor oder Silber. Das waren kleine Götzen, welche die Indianer nach der Eroberung des Landes durch Fernando Cortez in den Wäldern vergruben. Der Aberglaube und die Liebe zum Wunderbaren sind bei diesen unwissenden Völkerschaften in sehr hohem Grade vorhanden.

Wenn der Abbé die Bewohner eines Weilers um sich versammelt und ihnen längere Zeit von Gott gesprochen hat, so unterhält er sie von Frankreich, von seiner Macht, seiner Armee, seinem Landbau, von seinen bürgerlichen und religiösen Einrichtungen, von seinen alten Cathedralen. Die Eisenbahnen und Telegraphen gehören für sie zu den unbegreiflichen Wundern. Sie hören ihm mit größter Neugierde zu und bezeugen ihm die lebhafteste Theilnahme. Einst, nachdem Mehrere ihn bis tief in die Nacht hinein so angehört hatten, sinken sie an seiner Seite in Schlaf. Am Morgen ladet der Klang eines Glöckleins sie Alle zur heiligen Messe ein. Am Fuße eines riesigen Baumes des Urwaldes wird ein Altar improvisirt, und das Kreuz erhebt sich mitten aus dem Moos und den Blumen hervor. Die Anwesenden knieten ringsum den Altar herum im Grase. „Nach dem Evangelium," erzählt der Abbé, „wandte ich mich meiner Gewohnheit gemäß an meine Zuhörer und predigte ihnen über das Gleichniß vom Hausvater, der guten Samen auf seinen Acker säete. Ich konnte nicht umhin, das seltsame Gemälde vor mir zu bewundern. Diese bunte Menge in tiefem Schweigen im Grase kauernd, dieser einfache von grünem Laubwerk überwölbte Altar mitten auf dem Felde, die Vögel mit ihren lieblichen Gesängen, und die Sonne, welche ihre goldenen Strahlen über diese reiche Natur ausgoß — dies Alles stimmte mich so vergnügt und selig, daß ich diesen Genuß nicht für die rauschendste Freude hingegeben hätte.

„Nachdem ich eine Viertelstunde lang gesprochen, hielt

ich einige Minuten inne, um den Schweiß abzutrocknen, der mir von der Stirne rann, denn ungeachtet der vorgerückten Jahreszeit war es sehr heiß.

„Während dieser Pause erhob sich ein Greis von mehr als achtzig Jahren, kahlen Hauptes und von ehrwürdigem Aussehen. Er sprach mit lauter Stimme: „Es war einmal eine Henne, die zwölf Küchlein hatte die immer bei ihr blieben, und dann noch drei welche von ihr entfernt ihr Futter suchten. Die Henne that ihr Möglichstes, um ihre Kleinen zu ernähren, aber das Erdreich war unfruchtbar und es fehlte an Nahrung. Einst sah ein beutegieriger Falke die Henne mit ihren Küchlein. Er stürzte auf sie herab. Die erschrockene Henne rief ihre Kleinen zusammen, und die zwölfe in ihrer Nähe flüchteten sich unter ihre Flügel und retteten sich; die drei andern konnten wegen der Entfernung ihren Ruf nicht hören, und wurden aufgefressen. — Herr Pfarrer, fügte der Greis bei, Sie sind die Henne; die zwölf Küchlein, das sind die Christen von Brownsville, die drei andern, das sind die Rancheros, der Falke ist der Teufel, der immer Einige aus uns zu seinen Opfern ausersieht."

Diese Allegorie, über welche Niemand zu lachen versucht war, rührte von einem alten mexikanischen Geistlichen her.

„An Ostern hatte ich die Freude, viele Katholiken zum Tische des Herrn gehen zu sehen. Tief bewegt vergoß ich Thränen der Rührung, als ich über den Segen der Religion predigte. Meine Rührung theilte sich den Zuhörern mit; die Meisten weinten. Wir fühlten Alle die Wahrheit jener Worte des Erlösers: Mein Joch ist süß und meine Bürde leicht."

Nach Ostern besucht der Abbé den südlichen Theil seiner Mission. Derselbe ist ein Küstenland, dem die Spanier den Namen Costa deserta gegeben haben; er ist eine wahre Wüste. In einem Dorfe an der Mündung des Rio=grande hält er zuerst an. Die Mücken lassen ihn keine Ruhe nehmen und er macht einen Spaziergang nach dem Meeresufer. Es ist Nacht. „Ein herrlicher Mondschein," sagt er, „leitete meine Schritte, ich stieg die weißen Sandhügel am Ufer hinan und setzte mich auf einen Rest eines zertrümmerten Schiffes. Ich betrachtete die ruhige, schöne Meeresfläche leuchtend von den silbernen Strahlen des Mondes. Die Wellen brachen sich am flachen Ufer eintönig und schwach. Leichte Wolken schwebten am Himmel; das Schreien der Nachtvögel verschmolz mit dem Geräusch der Wogen, während ein sanftes Lüftchen die laue Atmosphäre dieser Einöde abkühlte. Begeistert ließ ich meinen Blick gegen Frankreich hinschweifen, von dem ich über dreitausend Meilen entfernt war. Ich dachte daran, wie ich in Kurzem, wofern der Tod mich nicht ereile, genöthigt sein würde, einen schwachen, ausgenützten Körper in meiner Heimath herumzu schleppen, ohne ihr ferner nützen zu können. Zum zweiten Male hatten meine Kräfte mich verlassen, im Augenblicke wo ich im Begriffe stand, die Frucht meiner Mühen zu ernten; zum zweiten Male war ich wie ein gebrechliches Fahrzeug, das beim Einfahren in den Hafen zerschellt."

Entmuthigung beschleicht das Herz des armen Missionärs; aber er überwindet sie, indem er denkt, daß Gott ihm seine ausgestandenen Mühen, Arbeiten und Opfer anrechnen werde. Endlich wiegt ihn das eintönige hinsterbende Rauschen der Wellen in Schlummer.

Am folgenden Tag besucht er die Einwohner dieses armen Dorfes. Sie wohnen meistentheils in kleinen sehr niedrigen und an den Sandhügel angelehnten Bretterhäusern. Sie bringen ihr Leben mit Fischen und Jagen zu.

Einige Meilen weiter längs dem Meeresgestade kommt er nach Brazos, wo er mehrere irländische Familien antrifft. Es erquickt ihn sichtlich, mit ihnen vom grünen Erin, ihrem theuern Vaterlande, sich zu unterhalten, dem Lande poetischer Erinnerungen, dem Lande der Feen, der Geister, der Balladen und Legenden.

In Bogdad, einem elenden Dorfe nahe an der Mündung des Rio=grande, findet er nur einige Hütten aus Schilfrohr, mit Lehm und Austermuscheln bedeckt. Die Austernbänke sind an den Küsten von Texas sehr zahlreich und befinden sich meistens an der Oberfläche des Wassers, wodurch das Einsammeln sehr erleichtert wird.

Nach achttägigem Aufenthalt in diesen Küstengegenden kehrt er über Land nach Brownsville zurück. Diese Reise hat die Kräfte des armen Missionärs ganz erschöpft. Er vermag nur noch die Kranken zu besuchen, und auch daran hindert ihn oft sein eigenes Unwohlsein. Er begibt sich nach Galveston, um beim Bischofe die Erlaubniß nachzusuchen, in die Heimath zurückkehren zu dürfen.

Diesmal ist die Abreise noch viel trauriger, als das erstemal. „Ich war," so sagt er, „wie ein abgenütztes, unbrauchbares Werkzeug, das man in eine Ecke stellt, wo es vom Rost nach und nach verzehrt wird...."

„Und jetzt," so fügt er bei, „wenn in einsamen Stunden die Bilder der Vergangenheit in meinem Geiste auftauchen, so versenken sie meine Seele in eine süße, träumerische Melancholie. Meine Blicke schweifen weit über den engen Raum hinaus, in welchem die Krankheit mich festhält. Meine Einsamkeit ist die des Schiffbrüchigen, der aus den Wogen des weiten Meeres auf einer wüsten Insel noch eine Zuflucht gefunden. Die vergangenen Jahre meines Lebens sind wie Baumblätter, die der Sturmwind dem Ocean der Ewigkeit zugeweht hat, und mit Thränen im Auge bete ich: „Herr, dein Wille geschehe!"

Im Verlage von **Gebr. Karl und Nikolaus Benziger** in Einsiedeln, New-York und Cincinnati sind ferner erschienen und durch alle Buchhandlungen zu beziehen:

Biblische Geschichte des alten und neuen Testaments für kath. Volksschulen. Von einem Priester der Diözese Basel. Mit Gutheißung mehrerer Hochw. Bischöfe. Mit 139 ausgezeichneten Illustrationen. 8te Auflage. 8. 1869. (240 Seiten.)
5½ Sgr. 18 kr. 65 C.

Es bestehen im gleichen Verlage eine französische, italienische, englische, romanische und bretanische Ausgabe, erstere drei für Schulen zu empfehlen.

Canisius, P. Peter, S. J. Katechismus in 113 Bildern. Mit Denksprüchen von P. Gall Morel. Approbation und Portrait des seligen Canisius. 8. 1865. (124 Seiten.)
Elegant cartonirt 11 Sgr. 36 kr. Fr. 1. 25 C.

Herchenbach, Wilhelm, Erziehungsdirektor. Das christliche Festjahr. Ein Büchlein für gute Kinder. Mit Gedichten von P. Gall Morel. Elegante Ausgabe mit 39 Holzschnitten. 8. (174 Seiten.) In fein Carton mit rothem Leinwandrücken und Goldtitel 18 Sgr. fl. 1. Fr. 2. 10 C.

Hörmann, P. Alto, O. S. B. Die Tochter Tehuan's, oder Texas im vorigen Jahrhundert. Erzählung. 8. 1867. (196 Seit.)
Broschirt 8 Sgr. 27 kr. 95 C.

Schulbuch, erstes illustrirtes. 8. (48 Seiten.) Steif broschirt
2 Sgr. 6 kr. 20 C.

— zweites illustrirtes. 8. (96 Seiten.) Steif broschirt
4 Sgr. 12 kr. 40 C.

— **Illustrirtes Lesebuch** für die Jugend. (Drittes Schulbuch.) Ein Prämienbuch für die Schüler und Schülerinnen kath. Volksschulen. Bearbeitet von Fr. Buchegger, Direktor des Lehrerseminars und Stiftsbibliothekar in St. Gallen. 8. (224 S.) Cart. mit Leinwandrücken 8 Sgr. 26 kr. 90 C.

— viertes illustrirtes für höhere Klassen kath. Volksschulen, insbesondere für Sekundar-, Real- und Wiederholungsschulen. Bearbeitet von einigen Professoren schweiz. Realschulen. 8. (430 S.) Cart. mit Leinwandrücken 12 Sgr. 40 kr. Fr. 1. 40 C.

Sträßle, Franz. Kleiner Heimgarten für die Jugend. Elegante Ausgabe mit 52 Holzschnitten. 8. (128 Seiten.) Fein cartonnirt mit farbigem Leinwandrücken und Goldtitel
14 Sgr. 45 kr. Fr. 1. 60 C.